포도원지기 김문훈 목사가 전하는 작은 이야기

진지 드세요

> 모든 인간은 하나님의 형상을 닮은 존엄한 존재입니다. 전 세계의 모든 사람들은 인종, 민족, 피부색, 문화, 언어에 관계없이 존귀합니다. 예영커뮤니케이션은 이러한 정신에 근거해 모든 인간이 존귀한 삶을 사는 데 필요한 지식과 문화를 예수 그리스도의 사랑으로 보급함으로써 우리가 속한 사회에 기여하고자 합니다.

진지쫌 드세요

초판 1쇄 찍은 날 · 2013년 12월 10일 | 펴낸 날 · 2013년 12월 16일
지은이 · 김문훈 | 펴낸이 · 김승태
등록번호 · 제2-1349호(1992. 3. 31) | 펴낸 곳 · 예영커뮤니케이션
주소 · (136-825) 서울시 성북구 성북1동 179-56 | 홈페이지 www.jeyoung.com
출판사업부 · T. (02)766-8931 F. (02)766-8934 e-mail: jeyoungedit@chol.com
출판유통사업부 · T. (02)766-7912 F. (02)766-8934 e-mail: jeyoung@chol.com

Copyright ⓒ 2013, 김문훈
ISBN 987-89-8350-875-1 (03230)

값 12,000원

* 잘못 만들어진 책은 교환해 드립니다.
* 본 저작물은 저작권법에 의해 한국 내에서 보호를 받는 저작물이므로 무단전재와 무단복제를 금합니다.

이 도서의 국립중앙도서관 출판시도서목록(CIP)은 서지정보유통지원시스템 홈페이지(http://seoji.nl.go.kr)와 국가자료공동목록시스템(http://www.nl.go.kr/kolisnet)에서 이용하실 수 있습니다(CIP제어번호: CIP2013025910).

포도원지기 김문훈 목사가 전하는 작은 이야기

진지眞摯드세요

김문훈 지음

진지하다 (眞摯)
[형용사] 마음 쓰는 태도나
행동 따위가 참되고 착실하다.

예영커뮤니케이션

|차례|

저자 서문　　　　　　　　　　　　　　　　　8

진지 드세요　　　　　　　　　　　　　　　10
진지 드세요/태도/알도록 배우자/기도하라/변방에서/잡초 근성/인격의 힘/반복의 힘/On/바이러스 주의/양극화에서 다양화로/미쳐야 미친다/나의 눈물을 주의 병에 담으소서/ 나는 없습니다/과정의 축복

소통과 공감　　　　　　　　　　　　　　　42
소통의 능력/수위조절/사관과 신사/지혜의 중요성/사이 월드/파이프 축복론/소통의 어려움/합주/불협화음/ 차이와 사이/마음의 길/우리/마음/교회의 필요를 따라/

손금술 장로님을 떠나보내며/접근/마음 만들기/아름다운 동행/반전의 축복/주의사항/주전자 정신/그래도 대화가 필요해/데미지/표현과 이해/통화 중/문화의 간격/자격과 자질/내려놓고/리바이벌&서바이벌/까지의 축복/돕는 배필/제자리를 찾아서

관계와 세상 통찰　　　　　　　　　　108
흐름/공짜는 질색이야/직고하리라/하나님 경외가 지식의 근본/그릇 이야기/말랑말랑한 사람/인격의 높이, 넓이, 깊이/간격 좁히기/변화와 수용/삼한사온/흐르는 강물처럼/좋은 사람들/엉뚱한 사람/샘물과 저수지/마당을 쓸고 멍석을 깔자/예배를 회복하라/바다처럼/안경효과/글로벌 리더의 조건/그거 잘하는 것 아닙니다/겨울나무/10년 후 강산/

관계지수를 올리자/사이에서/사람, 사람, 사람/들불처럼/연합하지 말라/맞춤형 은혜/차든지 뜨겁든지 하라/교육효과/로마도 보아야 하리라/이열치열/밀당신앙/보호막/유통기한/물꼬→흐름→조류/밀어내기 작전/물 근원을 맑게/나/KTX 사랑/선점 효과/마음의 소리 듣기

균형 잡기   194

자기 한계/중심잡기/연약함, 그 은혜의 자리/내가 주께 돌아감이 부흥의 시작이다/역설의 교훈/하나님 힘내세요/바람개비/시간, 세월, 역사/경건 연습/믿음→행함→사랑/교회에서 가장 큰 자/적당하게 하고 질서대로 하라/긍휼사역/생명, 열매, 감사/적용/자기병/꿈과 현실/생활개혁/사람의 계획, 하나님의 인도/공을 들이자/불, 열정, 뜨거움/주님 다시 시작합시다/선순환/수위조절/복음전도/생기와 군기/집중/찾기/무심코/뱀같이 지혜롭게/가지치기/단단한 음식/쫓기는 자와 쫓는 자/빠삐용 신앙/

당신은 탤런트입니다/베스트 컨디션/정상적인 크리스천/드림/알곡과 쭉정이/은혜와 진리가 충만하더라/열매를 맺기까지/과잉시대/대체 신앙

작은 것의 아름다움 282
작은 것이 아름답다/겨자씨에서 숲을 보다/작은 것의 복/한 마디의 힘/김치 신앙/씨앗의 힘/애살과 넉살/미세한 차이/구슬이 서말이라도/또 하나의 열매를 바라시며/인생은 이벤트가 아니다/나는 기도할 뿐이라/침묵의 미학/토탈 힐링/올챙이 시절/가정의 사명/아! 마음이 없구나/길을 찾아서

저자 서문

호랑이는 죽어서 가죽을 남기고, 사람은 죽어서 이름을 남기고, 크리스천은 죽어서 간증거리를 남긴다고 한다. 말을 뱉고, 글을 남긴다는 것은 부담스러운 일이다. 세상에서 횡횡하는 것이 말이고, 현대인들은 말의 공해에 시달린다. 이럴 때 마음을 닫고 절필하는 것이 미덕일 수도 있겠으나 그래도 남는 것은 사라져가는 말보다는 종이에 쓴 글이기에, 오랜 고민과 망설임 끝에 마음의 묵상을 정리하였다.

평소에 목회현장에서 고심하고 몸부림치던 것

들을 틈틈이 쓴 글이다. 미세한 울림이 아름다운 종소리가 되고 작은 물방울이 큰 강을 이루듯이, 자그마한 마음의 묵상이 진지한 글이 되었다. 이 글이 사람들의 마음에 파장을 일으켰으면 한다.

직접 대면하는 사람과는 소통이 쉽지만, 얼굴을 마주하지 않는 이들과는 소통이 어렵다. 하지만 이 작은 글을 통해 얼굴을 보지 못하는 이들과 서로 공감하고 소통했으면 한다. 그리스도인이라는 이름 아래에 아름다운 소리로 화음을 만들어 갔으면 하는 작은 바람이 있다. 얼굴을 마주하든, 하지 못하든 그리스도의 이름으로 하나가 되었으니 하나님의 눈으로 세상을 바라보고, 마음의 생각을 소통해 보자.

저자 김문훈

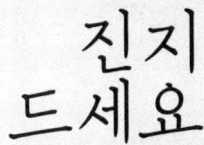

진지
드세요

진지하다 (眞摯--)
[형용사] 마음 쓰는
태도나 행동 따위가
참되고 착실하다.

진지眞摯 드세요

사람을 대할 때에 진지하지 못한 사람을 만나면 짜증이 난다. 일처리가 깔끔하지 못하거나, 말 한 마디를 해도 건성으로 듣고, 행동거지가 덜렁거리며, 차분하지 못한 사람을 보면 무엇인가 불안하다.

영혼의 문제를 대할 때 어찌 진지하지 않을 수가 있을까? 천하보다 귀한 한 생명을 다루는 데 그 진지함의 깊이는 얼마나 되어야 할까? 전지전능하신 하나님이시지만, 낙망하고 지친 엘리야에게 세미한 음성으로 나타나셨다. 위대하신 하나님은 작은 아이의 신음소리도 가벼이 듣지 않으셨다. 참새 한 마리의 목숨도 주장하시는 분이다.

우리의 기도가 더 진지해져야 된다. 성도의 말이 더 무거워져야 된다. 사람의 마음 살핌도 더 섬세해야 한다. 말씀 앞에 민첩하고, 회개하는 데는 빠르고, 찬송할 때에 순전해야 한다.

성도의 말이 자칫 부풀려지고 뻥튀기가 되어서 허풍스럽고 실제적이지 못할 때가 많다. 말이나 행동이 태산처럼 무겁고, 강물처럼 깊고, 소나무처럼 푸르러야 된다. 생각이 진지하고 행동이 진중하고 진정성이 느껴져야 한다. 진실이 소통이다. 제일 반가운 인사말이 "진지 드세요"이다.

태도

미국사람들이 애호하는 단어 중에 Attitude라는 단어가 있다. 태도, 마음가짐, 입장이라는 뜻의 단어이다. 자격도 중요하지만 자세도 중요하다. 계속되는 도전 속에서 어떤 태도로 반응하느냐가 중요하다. 꿈도 없고 낭만도 없이 무미건조한 삶을 살면 안된다. 비전을 가지고 생생한 꿈을 꾸고 뜻을 정하고 살아야지, 개념도 없이 향방도 없이 어영부영하면 안 된다.

 진지함이 없이 덜렁거리면 안 된다. 조심하고 삼가는 수준이 아니라 하나님을 기뻐하고, 구원의 즐거움을 만끽하며, 항상 기뻐하고, 긍정의 힘을 믿는 자세가 필요하다. 이기심과 자존심 때문에 자기 문제에 빠져있는 사람이 아니라 관계와 사역에서 진지함이 있어야 한다.

스케일 있게 기도하되 디테일을 놓치지 말아야 한다. 소극적이고 비관적인 태도에서 적극적이고 진취적인 자세를 견지해야 한다.

사역보다 사명을!

인정보다 사랑을!

알도록 배우자

무엇인가를 안다는 것은 간단하지 않다. 세월이 흘러야 되고 관계 속에서 접촉이 있을 때마다 새롭게 알게 된다. 사랑에도 주기가 있다. 춘하추동을 지내야 알 수 있다. 한 사람을 안다는 것이 얼마나 어려운 일인지 모른다. 이름도 알아야 하고, 집안도 알아야 하고, 성격도 알아야 하고, 취미, 신앙도 알아야 한다.

나는 알고 있다고 생각했는데 어느 날 보면 여전히 모르는 것이 많다는 것을 알게 된다. 소경이 코끼리를 만지듯이 일부분만 알고선 마치 다 아는 것처럼 큰소리를 칠 때가 있다. 나는 알고 있다는 선입관, 속단, 판단이 틀릴 때가 많다. 다양성을 이해하고, 나와 다른 것을 용납하고, 싫어하는 것은 용서하고, 마음에 품는 것이 힘들다.

성경은 예수님을 아는 지식이 가장 고상하다고 하였다. 하나님을 알아가는 것이 미련한 인생에게는 어려운 과정이다. 말씀과 기도와 묵상을 통해 하나님을 날마다 알아가야 한다.

하나님을 알아가면 진리 안에서 자유하게 된다. 하나님은 자신을 여러 모습으로 나타내 보여주신다. 나 자신을 잘 아는 사람이 자신감이 있고, 상대방을 잘 아는 사람이 이해력이 있다. 하나님을 잘 아는 사람이 영성이 있다. 무엇보다 하나님을 알고 하나님을 알리자. 알도록 배우자. 아는 자, 행하는 자, 통하는 자가 되자.

기도하라

기도는 가르치는 것이 아니니 네가 하라.

눈물 병을 채우라.

기도의 분량을 채우라.

기도의 볼륨을 키워라.

기도의 고수, 프로, 명품이 되어라.

원망 하지 말고 독대하라.

말만 아니라 실제로 하라.

변명을 하지 말고 직고하라.

입술이 아니라 무릎으로 하라.

기도가 만사를 변화시킨다.

기도는 전쟁이니 하나님과 씨름하라.

아버지 하나님의 뜻을 깨닫기까지 하라.

성도는 기도하는 모습이 가장 아름답다.

변방에서

역사는 흐름이다.

모든 것은 지나간다.

세월이 지나면 잎은 마르고, 풀은 시들고, 꽃은 떨어진다.

모든 것은 형식화, 제도화, 화석화, 경직화된다.

역사는 위기가 올 때 중심에서 새로워지는 법이 없다.

촛대는 옮겨지고 변방에서, 변두리에서, 비주류에서 주류가 만들어진다.

제국도 무너지고, 거목도 쓰러지나, 남은 그루터

기에서 새순이 돋아나서 거목을 이루고, 숲을 이루고, 울창한 큰 숲을 만든다.

오늘의 내 모습이 아웃사이더 같고 약해도 기죽을 필요가 없다.

세월이 지나면, 변두리에서 스타가 나오고, 변방에서 영웅이 일어난다.

샛강이 큰 강이 된다.

미친 사람이 미친다.^{불광불급[不狂不及]}

약자가 강자가 된다.

작은 자가 큰 자가 된다.

진 자가 이긴 자가 된다.

포기하지 않고, 절망치 않고, 버티는 자가 이긴다.

10년만 참고, 20년만 버티고, 30년만 개기면 무엇인가 된다.

잡초 근성

세상이 풍요로워지고 편리한 것이 많아질수록 오히려 잡초 같이 근성 있는 사람이 그리워진다. 사람은 새털처럼 자유롭고, 들풀처럼 자연스럽고, 물처럼 유연해야 한다.

인재는 누군가가 키워주는 것이 아니다. 들판에서, 야전에서, 현장에서 스스로 자라나는 것이다. 난세에 영웅이 나듯이 위기 때에 실력이 나타난다. 온실의 화초가 아니라 들판에서 비바람을 맞고 자란 들꽃이 생명력이 강하다. 잡초는 봐주는 이 없어도 자기 자리를 말없이 지킨다.

혼란을 뚫고, 스스로 대안을 찾고, 스스로 생존 법칙을 찾는 본능을 갖춘 그런 사람은 필살기가 있다. 강한 자가 살아남는 게 아니고 살아남는 자가 강한 법이다. 거친 들판에서 자란 야생마가 임자를 만나 준마로 거듭나는 것이다.

"개구쟁이라도 좋다. 튼튼하게만 자라다오"라는 말은 틀린 말이다. 개구쟁이로 자라야 튼튼하다. 시대의 속도와 세월의 무게에 주눅 들고, 위축되는 것이 아니라 벼랑에서 독수리가 바람을 타고 날아오르듯이 도전적인 용사가 필요하다. 어려울 때마다 도망다니지 말고 부딪히고 밀고 나갈 일이다.

잡초같이 대지에 뿌리를 내리면서…….

인격의 힘

나는 아프리카 미래재단이라는 선교단체의 이사이다. 얼마 전에 이사회가 있었다. 거기에서 샘물교회 장로이시고 샘병원의 의료원장이신 박상은 장로 얘기를 들었다. 수백 명의 직원이 있는 병원에서 오랫동안 존경받았고, 어떤 직원도 그분을 욕하는 사람이 없다고 한다. 그분의 아버지는 가난하지만 유명한 부흥사셨다. 7남매를 모두 교수, 의사, 선교사로 키웠다. 가족으로 구성된 선교회를 만들어서 명절에는 해외에 의료선교를 나간다. 인격의 힘이 너무나 커서 교회에서, 병원에서,

선교현장에서 그렇게 존경을 받는가 보다. 결국 인격이다. 인격은 하루아침에 형성되는 것이 아니다. 십자가 아래에서 자기를 쳐서 복종시키며 날마다 자기를 부인할 때 새 사람이 된다.

그날 선교집회에서 나는 설교를 하고, 정애리 권사는 아프리카에 다녀온 간증을 하였다. 아프리카의 어린이 293명을 후원한다고 했다. 그러면서도 "덜 부끄럽게 살아야지" 그런 생각을 요즘 많이 한다고 하였다. 나는 부끄러웠다. 남을 가르치려고만 덤볐지 내 모습을 다스리는 것은 소홀했다. 얼마나 많이 울어야 이놈의 성질이 변할는지. 런던올림픽 유도 81kg 금메달리스트인 김재범은 4년 전에 죽기 살기로 시합을 해서 졌는데 이번에는 죽기로 해서 이겼다고 하였다.

내가 죽어야 산다. 내가 죽어야겠다.

반복의 힘

사람의 두뇌는 제한되어 있어서 한두 번 얘기를 해서는 숙지가 안된다. 중요한 일은 반복적인 훈련을 통해서 비로소 숙달된다.

운동선수들은 끊임없이 연습을 한다. 기초체력을 보강하기 위해서 웨이트 트레이닝을 정기적으로 해서 근육을 발달시킨다. 정교한 솜씨를 위해서 세부적인 기술훈련을 반복적으로 해서 자기 것으로 만든다. 하드 트레이닝을 통해서 한계를 뛰어넘는 실력을 구축한다. 태릉선수촌에 가보면 4년 뒤에 있을 올림픽을 위해서 매일같이 반복훈련을 하는 것을 볼 수 있다. 그야말로 순간을 위해서 평생을 준비하는 것이다. 군인들도 입대하자마자 한 달 이상을 훈련소에서 제식 훈련과 사격 훈련 등 체계적인 훈련을 반복적으로 한다. 군 생활 도중에도 끊임없이 유격 훈련, 동계 훈련 등을 통해 전투력을 유지한다. 학생들의 공부도 아이큐보다 습관이 중요하다. 박사학위는 머리로 쓰는 것이 아니고 엉덩이로 쓴다고 한다. 책상 앞에 진득하게 앉아 있는 끈기 속에서 학위과정을 마칠 수가 있는 것이다.

같은 일을 반복하는 것을 구차스럽게 생각하지 말라. 능숙한 일꾼들은 계속되는 반복, 집중, 연습, 훈련을 통해서 프로가 되는 것이다. 훈련 때에 땀 한 방울은 전시에 피 한 양동이와 같다. 훈련되지 않은 사람은 쓸모가 없다.

On

지도자는 다른 사람 속에서 무엇인가 좋은 것을 끄집어 내는 사람이다. 남들이 못 보는 것을 보고 감추인 보화를 찾듯이 원석 속에 숨어 있는 보석을 캐내서 진선미를 보고 영혼의 아름다움을 밖으로 이끌어 내는 사람이다. 자존심 상하거나 기분 나쁘지 않게 재능을 자연스럽게 끄집어 내서 마음껏 발휘하게 하는 것이 리더십이다.

타인의 마음을 격동시키는 사람이 아니라 타인의 마음에 감동을 주어서 스스로 일하게 하는 것이 중요하다. 소극적이지도 않고, 과격하지 않게 수위를 조절해가면서 사람을 일깨워서 재능을 하나님 앞에 펼쳐 일하게 해야 한다.

닫힌 마음을 열어주고, 잠자는 것을 일깨우고, 산만한 데서 집중하고, 복잡한 데서 간단하게, 혼란한 데서 단순하게, 어려운 일을 쉽게 처리하는 사람이 실력자다.

다시 시작하자!

어둠을 탓하지 말고 촛불을 켜고 윗물은 더러워도 샘물을 퍼 올리자. 잠자거나 미루거나 포기하지 말고 식은 엔진을 다시 뜨겁게 하자. 공사 중인 때가 좋다.

가만히 있는 것이 가장 나쁜 것이다. 쓰임 받을 때, 일복이 많을 때가 좋은 때이다. 인생은 생방송이다. On 상태를 유지하자. 주님은 오늘도 나를 만들어 가신다.

바이러스 주의

과학이 발달되고 의학이 발달하였다고 하지만 더 많은 질병과 변종 세균이 나타나고 있다. 최근에 돌아가신 몇 분은 큰 병이 아닌 오히려 감기 비슷한 작은 병으로 목숨을 잃은 것을 보았다.

무한경쟁 시대에 컨디션 조절에 실패하여 기초체력이 약해지고 면역성이 떨어지게 되면, 쉽게 감기에 걸린다. 가벼운 감기려니 하고 지나가다가 일은 바쁘고 자기 자신을 돌아볼 한가한 틈은 없고 그러는 중에 대수롭지 않게 생각한 감기가 떨어지지 않고 일파만파 퍼지게 된다. 우스갯

소리로 감기는 약을 먹으면 14일 걸리고, 약을 안 먹으면 2주일 만에 낫는다고 한다. 최근에 유명한 분들이 감기 기침에 무너진 것을 보았다. 사소한 바이러스지만 악성 바이러스, 신종 바이러스, 변종 바이러스가 있다. 내성이 생겨서 웬만한 약으로 감당할 수가 없다. 그래서 악성 바이러스를 조심해야 된다.

신앙생활에서도 악성 바이러스가 있다. 이단이 침투해 와서 이상한 신학을 퍼트리고 미혹하면 정상적인 성도들이 무너지게 된다. 그래서 평소에 운동을 하고 식이요법을 해서 건강한 컨디션을 유지해야 된다. 악성 바이러스가 득세하기 전에 해피 바이러스가 넘치도록 항상 기뻐하고, 쉬지 말고, 기도하고 범사에 감사하자.

매일성경을 통해 성경을 묵상하고, 영혼이 각성되고 심신이 새로워지도록 하자.

양극화에서 다양화로

성도는 저 높은 곳을 향해서 담대히 올라가는 삶을 지향해야 하지만, 저 낮은 곳으로 내려가는 겸손한 삶을 잊지 말아야 한다.

동서남북을 바라보고 지경을 넓혀야 하지만, 등잔 밑이 어둡지 않도록 안살림을 챙겨야 한다. 왕이신 그리스도의 이름을 높이고 나팔을 불며 찬양의 삶을 살아야 하지만 함부로 내탕고를 보여주는 어리석음을 범치 말아야 한다. 월드크리스천으로서 글로벌 리더의 안목을 갖추어야 하지만 내 발 밑이 무너지지 않도록 진지해야 된다.

의식은 크게 하고 행동은 세밀하게 해야 한다. 지나친 것은 모자람보다 못하다. 어느 지도자는 머리에 방이 많아서 수시로 들락거리며 여러 분야의 일을 그때그때 감당한다고 한다. 분열이 아니라 다원화와 다각화가 된다. 다양성을 인정하고 받아들이면 풍성하고 조화로운 하나가 된다.

미쳐야狂 미친다及

적당주의와 대충주의를 거절한다. 모든 일을 주먹구구로, 임시방편으로 대충하다 보면 작품이 나오지 않는다. 무슨 일이든지 미쳐야 배운다. 음악을 전공하는 사람들은 악기에 미쳐야 소리가 나온다. 일에 미친 사람은 밤을 새우고 혼을 쏟아야 대작을 만들어 낸다.

생활에도 프로가 있다. 일에도 고수가 있다. 전도에도 전도왕이 있다. 무엇을 하든지 그 일에 집중을 해야 한다. 금수의 왕인 사자가 작은 토끼를 삽을 때도 전력질주해서 순간적으로 덮친다. 골

프를 칠 때도 집중력이 중요하다. 끝까지 집중해서 공을 보고 정확히 쳐야 한다.

사람들이 바쁘다 보니 대충 일을 한다. 임기응변으로 일을 해서는 수준 있는 작품이 나올 수가 없다. 한 번 더 생각하고, 한 박자 빠르게 진행하고, 한 번 더 확인할 때 마음에 드는 작품이 나올 수 있다. 그리스도의 형상을 이루기까지 해산의 수고를 아끼지 않았던 바울처럼 복음전파에 진력하는 사람이 되자.

나의 눈물을
주의 병에 담으소서

> 한 송이 국화꽃을 피우기 위해
>
> 봄부터 소쩍새는 그렇게 울었나보다
>
> ......
>
> 천둥은 먹구름 속에서 또 그렇게 울었나보다
>
> ......

서정주 시인의 글이 생각나는 계절이다.

고생 밥을 먹고 많이 울어본 사람의 소리에는
무엇인가 서러움이 베어서 남다른 호소력이 묻어

난다. 신앙의 연륜이 깊어갈수록 눈물과 한숨도 쌓여간다. 다윗은 가장 힘들 때에 주야로 눈물을 양식 삼고, 하나님 앞에 내 눈물을 주의 병에 담아달라고 탄원했다. 눈물이 고이고 기도가 쌓일 때 주께 상달되는 역사가 이루어진다.

하나님 앞에서 우는 사람이 사람 앞에서 웃는 사람이다. 회개의 눈물은 내 영혼의 강력한 지우개요, 독소를 제거하는 청소기이다. 주님 앞에서 눈물짓는 사람은 행복한 사람이다. 요즘 천박한 웃음은 넘쳐나지만 심금을 울리는 눈물은 보기 힘든 세상이다. 하나님은 히스기야의 죽을 병을 고치시기 전에 그의 눈물과 기도를 보았다고 말씀하신다.

오늘도 저의 눈물 젖은 간구를 들으시고 성도들의 눈물을 주의 병에 담으소서.^{시 56편}

나는 없습니다

예수님의 제자는 자기를 부인하고 주를 따라가는 사람이다. 크리스천의 삶은 마치 우편배달부처럼 복음을 순전하게 배달하는 것이다. 하나님의 러브레터를 사람에게 전달하는 것이다. 거기에 나의 의견이나 나의 색깔은 중요하지가 않다. 정거장을 지나듯이 나를 경유해서 복의 통로로 쓰시면 그만이다. 그래서 쓰임 받는 사람이 중요하다.

　옛날의 종은 인권을 주장할 신분이 아니다. 나는 하나님의 종으로서 주인의 뜻을 잘 받들고 있는가? 믿음의 선배들은 이름 없이, 빛도 없이 사역을 했다. 나를 위해서 사는 것이 아니라 살아도 주 위해 살았다.

사도 바울은 날마다 나를 쳐서 십자가 아래 복종시키고 날마다 죽노라고 하였다. 세례 요한은 나는 아니고 내 뒤에 오시는 분이 진짜라고 외쳤다. 요셉은 자기체면이나 자기존재감으로 고민하지 않고 하나님 앞에서, 구원의 큰 손길 아래서 자기를 찾아갔다. 살다가 보면 어느 날 "살아있네!"라고 말할 것이다.

주님의 영광을 가로채지도 말고 나를 들이대지도 말고, 나는 없고 예수님만 드러나는 그런 사람이 크리스천의 모습이다. 여자가 낳은 자 중에 가장 큰 자였던 세례 요한은 "나는 아닙니다"를 평생 구호로 삼고 살았다. 나는 없고 예수 향기만 드러내는 사람, 나는 십자가 뒤에 감추어지고 예수님만 높임 받는 그런 삶이 성도의 길이다.

과정의 축복

소원 사람은 관심사항에 따라 마음을 두고 시간을 보낸다. 고상한 뜻을 세우고, 생생한 꿈을 꾸고, 원대한 비전을 가지고 선한 일에 힘쓰면 그 사람의 관심도 점점 고상해진다. 하나님은 사람에게 소원을 주시고 소원의 항구로 인도하신다.

힘씀 사람은 힘쓰고, 애쓰고, 용쓸 때에 일이 된다. 세상에 공짜는 없다. 쉬운 일은 없다. 힘씀을 통해 힘줄이 길러진다. 이기는 사람은 습관이 있고 건강한 사람은 근육이 있다. 은혜와 신령한 젖을 사모하고 신령한 일에 힘쓸 일이다.

훈련 사람은 교육을 통하여 자라고 훈련을 통해서 강해진다. 교육과 훈련이 반복적으로 이루어져야 한다. 준비된 자에게 기회가 온다. 훈련되지 않은 사람은 쓰임받기가 어렵다.

감당 시험은 감당하고, 문제는 해결하고, 갈등은 해소하고, 고비는 넘겨야 한다. 과정이 생략되거나 약해지면, 맥이 끊어지고 혼란이 일어난다. 열매는 세월 속에 익어가고 사람은 역사 속에 세워진다. 과정의 복을 기다리자. 성화에도 과정이 있다.

소통과 공감

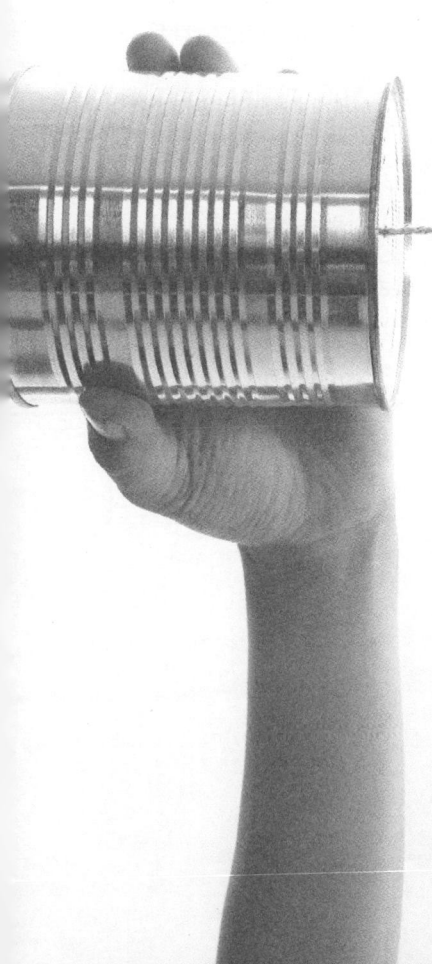

소통(疏通)
[명사] 막히지 아니하고 잘 통함, 뜻이 서로 통하여 오해가 없음

공감(共感)
[명사] 남의 감정, 의견, 주장 따위에 대하여 자기도 그렇다고 느낌

소통의 능력

무한경쟁 시대에 생존하기 위해서, 디지털 광속 시대에 낙오되지 않기 위해서, 다원화된 현실 속에서 길을 잃지 않기 위해서 가장 필요한 것이 소통의 능력이다.

필통에는 세 가지가 있다. 첫째 필통은 반드시 필^{必}자를 써서 불통하면 불행하다는 것이다. 둘째 필통은 필^{feel}이 통해야 된다는 것이다. 셋째 필통은 필기도구로 적자생존이라고 적는 자만이 살아남는다는 뜻이다.

소통과 공감과 대안이 이 시대의 숙제이다. 세

월이 지나고 사람을 만날수록 소통의 어려움을 느낀다. 자기감정을 넘어서서 적절하게 자기를 표현할 줄 알아야 된다. 표현력의 부족은 자신에게는 답답함이요, 타인에게는 큰 상처가 된다.

언어구사에 있어서 말 한마디로 천 냥 빚을 갚기도 하지만, 입술의 30초가 가슴에 30년 가는 상처가 되기도 한다. 말이 많은 세상에서 말을 하지 않고 살 수도 없다. 사람을 알고, 사람을 이해한다는 것이 얼마나 어렵고 힘든 복합 방정식인지 모르겠다. 예수님의 겸손, 비움, 낮아지심, 내려놓음, 한 알의 밀알 같은 자기희생은 소통의 최고 모델이다. 말이 통하고, 뜻이 통하고, 정이 통하고, 피가 통하는 사역을 하고 싶다.

수위조절

강물과 바다 물이 만나는 지점을 솔트라인$^{Salt\ Line}$이라고 한다. 이 솔트라인은 수시로 변한다. 가뭄으로 강물의 양이 줄어들면 솔트라인은 좀 더 강 위쪽에 형성되지만 비가 와서 강물의 양이 많아지면 솔트라인은 바다 쪽으로 깊이 들어간다.

트리라인$^{Tree\ Line}$이 있다. 높은 산에 가보면 수목한계선이 있다. 만년설이 덮인 산꼭대기 지역은 수목이 자랄 수가 없다. 모든 것은 한계가 있고, 경계선이 있다.

날씨도 전선이 형성된다. 고기압이 팽창하면

저기압이 물러가고 저기압이 발달하면 비가 온다. 신앙생활에도 솔트라인이 있다. 매일성경을 읽고, 기도하며, 열심히 전도하며 주를 섬길 때는 죄악들이 내게서 멀리 물러간다. 그러나 바쁘다는 핑계로, 피곤하다는 이유로, 예배에 참석하지 않고 기도를 쉬며 계명에 따라 살지 않으면 우리의 마음과 생각, 삶도 세속화되어 간다.

구르는 돌에는 이끼가 끼지 않는다. 계속 도는 물레방아는 얼지 않는다. 지칠 줄 모르는 생기는 열심을 품고 주를 섬기는 자에게 온다.

사관과 신사

개인적으로 좋아하는 영화가 "사관과 신사"였다. 리차드 기어가 불우한 성장과정을 딛고 사관생도가 되어 엄격하고 고된 훈련과정을 마치며, 건달 같은 사람이 마침내 신사가 된 이야기이다. 또한 일회용 장난처럼 시작한 사랑이 아름다운 결실을 맺고 갈 때가 없어서 계속 버틴 훈련생도가 마침내 멋진 제복의 지휘관이 되었다는 내용이다.

진리의 말씀을 따라가는 성도는 누구나 그리스도의 강한 용사가 되어야 한다. 거지같이 시작을 해도 누구든지 왕자나 공주가 될 수 있다. 인생종

합대학, 말씀과 기도학과를 마치고 나면 건달도 신사가 될 수 있다. 신사적인 성도, 하나님 나라에 당당한 사관을 보고 싶다. 시작은 육체적으로 했어도 끝말은 성령님의 인도를 따르자. 엄격하고 강한 사관생도, 그러면서도 따뜻한 카리스마의 신사가 그립다.

지혜의 중요성

가장 중요한 것이 지혜다. 솔로몬이 일천번제를 드린 후 하나님께 받은 선물이 지혜이다. 지혜가 건강이고, 부자이고, 행복이다. 무식하면 곤란하다. 배워서 남 주고, 벌어서 섬기자는 것이 크리스천의 구호여야 한다.

  사람 몸에서 두뇌가 가장 예민하다. 머릿속의 발상, 착상, 구상이 중요하다. 발상전환, 역지사지, 사건보다 해석이 중요하다. 천재는 현실에 안주하기보다도 모험을 좋아한다. 적극적으로 도전하고 부딪치라. 실패를 해도 얻는 것이 있다. 실패 속에 교훈이 있고 고난 속에 뜻이 있다. 지혜가 이긴다. 지혜를 사라, 지혜를 구하라. 일체의 비결을 배운 바울처럼 말씀과 기도를 통하여 거룩한 지혜를 얻으라.

사이 월드

사람과 사람 사이엔 무엇이 있을까? '과'가 있다. 사람과 사람 사이가 벌어져 틈새가 생기면 의사소통이 잘 안되고 긴장과 갈등이 조성된다.

부부관계도 기도할 시간 외에는 틈을 주지 말아야 된다. 사업에서는 틈새시장을 노려야 되지만 인간 관계에서 틈은 마귀에게 주는 것이다. 가깝고 밀접해야 될 사람이 가까이 하기엔 너무 먼 당신처럼 되면 쿨한 관계가 아니라 썰렁한 관계가 되고 만다. 하나님을 가까이 하고 그 지으신 사람을 가까이 함이 복이다.

사람과 사람 사이에 간격을 메우고 친밀해지기 위해서는 사랑과 관심과 대화가 필요하다. 성도의 교제는 진정과 치유의 효과가 있다. 사랑하는 가족들은 공통분모가 넓을수록 행복하다. 형제가 연합하여 동거하는 것이 아름답다. 친구 사이, 우리 사이, 성도와 성도 사이, 사이 월드는 신비한 사랑의 세계다.

파이프 축복론

사람을 대할 때에 하나님의 복을 받은 분들은 순수하고 영혼이 깨끗한 사람들임을 느끼게 된다. 영혼이 맑고 순수한 사람은 성령께서 무시로 역사하신다.

혈관에 노폐물이 있거나 혈액의 흐름이 원활하지 못할 때 피곤하고 고지혈, 고혈압, 심근경색 등의 혈류상의 질병이 생긴다. 수도 파이프가 노후되거나, 부식이 되거나, 오물이 쌓여서 막힐 때 소통이 원활하지 못하다. 이처럼 우리의 인격에 때가 묻는다면 축복의 통로가 되지 못한다. 저수지처럼 욕심을 내서 가두어 두어도 곤란하다. 샘물처럼 사정없이 흘려보내야 된다. 하나님께 거침없이, 막힘없이 쓰임 받는 사람이 행복하다. 하나님은 순종을 좋아하시지 잡종은 싫어한다. 나도 모르게 노폐물이 생기고, 중금속이 쌓여서 영적인 동맥경화가 오면 곤란하다.

묵은 땅은 기경하고 내 완악함은 회개해야 된다. 늘 나의 자존심과 혈기와 욕심이 하나님의 축복에 방해물이 된다. 하나님의 축복을 유통하라. 영적인 흐름을 원활히 하라. 너 스스로 거침돌이나 막힘이 되지 말고 디딤돌이요, 축복의 통로가 되어야 한다.

소통의 어려움

세상이 복잡하고, 다원화되니 점점 의사소통이 쉽지 않다. 말이 통하지 않으니 뜻이 통하지 않아 답답해진다. 대화는 대놓고 화내는 것이 아니다.

대화가 잘 되는 사람이 행복하다. 대통령은 크게 통하는 사람인가? 유통이 잘 되어야 경제가 살고 차량소통이 잘되어야 교통이 원활해진다. IT 문화의 홍수 속에서 사람들이 기계나 전자파와는 잘 통하는데 정작 사람들과는 점점 단절되어 간다. SNS가 발달될수록 사람들은 소외감과 고독감을 느낀다고 한다.

대화가 처음부터 잘되는 사람은 없다. 싸움도 적극적인 대화라는 말이 있다. 의사소통에 투자하라. 피가 통해야 건강하고 뜻이 통해야 하나가 된다. 성령의 하나 되게 하신 것을 힘써 지키라.

합주

대형교회는 사람은 많지만 세밀하고 알뜰한 부분이 미흡하다. 성도들 수가 많아 개인적인 돌봄이 약하다. 그러나 반대로 생각해 보면 사람이 많다는 것은 중보기도, 합심기도가 많다는 것이다.

나는 음악 중에서 합주를 좋아한다. 여러 가지 악기들이 모여서 한 소리를 낼 때에 다양성 가운데 일치가 있고, 각자의 음이 모여서 아름다운 화음을 이루고, 제 각각의 은사가 하나로 쓰임 받는다는 것이 아름답다. 기도도 합주가 있고, 찬양에도 합주가 있다. 봉사도 혼자 하는 것보다 여럿이

더불어 함께 할 때, 시너지 효과가 있고 서로 격려도 되고 큰일을 이루어 낼 수가 있다. 연합선교, 사역박람회, 기도합주회, 다양한 강사를 한 곳에 초청하는 연합집회도 할 수가 있다. 우리 다함께 자기 은사를 가지고 합주에 동참하고 목소리를 모아서 합창을 하자. 세겹줄은 끊어지지 않는다. 형제가 연합하여 동거하는 것이 아름답다.

불협화음

음악세계에서 화음은 한 가지 소리만이 아니다. 그 중에는 불협화음이 있음에도 하나로 모일 때 화성을 이루게 된다. 소리에는 장단과 고저가 다르고 음정박자가 다르지만 하나의 소리로 모일 때 아름다운 음악이 된다.

 사람들 사이에도 온도 차이가 있고 속도 차이가 있고 시각 차이가 있다. 그래서 우리는 가끔 오해를 하고 의견충돌이 일어나고 불편해 한다. 다른 것이 그른 것은 아니다. 시내에 자갈이 많을 때 시냇물이 흘러가는 소리는 노래가 된다.

불편한 것이 불행한 것은 아니다. 내게 가장 불편한 사람이 결국 나를 겸손하게 만들고, 하나님 앞에 무릎 꿇게 하는 사람이다. 세상 일은 내 맘대로 안 되고 겸손하게 무릎으로 나가야 된다. 불협화음도 아름다운 화음을 만들 듯이, 나의 삶에서 불편하고 성가시고 까다로운 것조차도 내 인생의 작품을 만들어가는 필요한 조건이다.

내치고 불필요하다고 생각하고 성가시게 여길 것이 아니라 마음을 열고 감사함으로 받고 합력하여 선을 이루실 하나님을 믿어야 한다. 다양한 것들이 모여서 일치를 이루는 다일공동체가 된다. 나의 실수조차도 작품으로 만드시는 하나님을 찬양하자.

차이와 사이

세월이 흘러가면서 사람을 이해하기가 점점 어려워진다. 열 길 물속은 알아도 사람 마음은 알기가 어렵다. 하나님은 우리를 어찌 그리 다양하게 만드셨는지 생각도, 취향도, 느낌도, 속도도, 해석도, 반응도 가지각색이다.

사람은 자기와 다를 때에 혼란과 갈등을 느낀다. 그래서 대화가 필요하고 이해가 중요하다. 차이가 많고 사이가 벌어질수록 다양성을 인정하고 이해하고 받아들이는 것이 필요하다. 또한 인간과 인간 사이에 벌어진 틈은 마귀가 좋아하니 속히 메워야 한다. 그래서 인간관계는 늘 새롭고 어렵다. 예수님은 하늘영광을 버리고 내려오셔서 육신이 되셨다. 십자가는 하나님과 인간 사이를 화목케 하셨다. 차이가 많을 때 다양성 가운데 일치가 있고 사이가 멀어질수록 다리가 필요하다. 소통이 안 되면 고통이 오고, 일이 피곤한 것이 아니라 관계가 피곤해진다.

  봄철에 그러하듯이 우리의 삶에도 고목에 새순이 나듯이 발돋움하자.

마음의 길

마음이 없는 사람은 아무것도 할 수가 없다. 마음처럼 다루기가 힘든 것도 없다. 너무 쉽게 상처를 받고 때로는 너무나 고집스럽다. 뜻이 있는 곳에 길이 있는 것이 아니고, 마음이 가는 곳에 길도 생긴다. 마음을 주면 모든 것이 따라간다.

마음속에서 야망이 꿈틀거리는 사람이 아니라 하나님의 소원이 불일 듯 일어나는 사람이 건강하고 복된 사람이다. 엉뚱한 것에 마음이 끌리지 않고 의에 주리고 목마른 자가 신령한 사람이다. 하나님께서는 소원을 두시고 소원을 성취하시는 분이시다. 기도할 때에 내 마음에 품은 뜻이 주의 뜻과 같으면 응답된다. 건강한 공동체는 같은 마음, 같은 뜻, 같은 말을 하는 곳이다. 공감대를 형성하고 동지의식을 갖는 것이 중요하다.

정원을 가꾸듯이 마음을 가꾸고 가끔 눈물을 흘려서 마음의 독을 씻어내어야 한다. 마음 바탕이 옥토와 같이 좋은 땅, 마음 깊은 곳에서 감사 찬송이 솟아나는 사람이 좋다. 마음속에 하나님의 소원이 불타고 그 꿈을 이루기까지 포기와 중단이 없는 성령의 기름 부으심이 있을 때 사명자, 수명자, 행복자가 된다.

우리

사람들은 군중 속에서 고독을 느낀다. 많은 사람들 가운데서 외로움을 탄다. 사람들은 관계 맺기를 힘들어 한다. 다른 사람들과의 관계 속에서 부대끼고 힘겨워한다. 나와 맞지 않는 사람과 힘겹게 살아간다. 자신에 대한 정체성도 흔들리고 상대방에 대한 부담감도 많다.

주기도문에서 하나님을 하늘에 계신 우리 아버지라고 부른다. 하나님은 나의 하나님도 되시지만 다른 사람들의 하나님도 되시고 우리의 하나님이시다. 공동체 의식을 가질 때 오히려 소속감을 느끼고 하나가 될 수 있다.

나 스스로 마음을 열고 다른 사람들을 허용해야 된다. 현대인들은 인간관계가 힘드니 컴퓨터와 놀고, 애완동물과 함께 한다. 나 자신의 벽을 헐고 선입감을 내려놓고 자기보다 남을 낫게 여기면 주변에 좋은 사람들이 많은 것을 보게 된다.

우리라는 단어는 울타리라는 의미를 가지기도 하지만 너와 내가 하나 됨을 의미한다. 우리는 남이 아니다. 하나님 아버지의 자녀들이요 한 형제다. 성경은 성령이 하나 되게 하신 것을 힘써 지키라고 하셨다. 스스로 외톨이가 되고 마음의 장벽을 쌓아서 돌아앉지 말고, 마음을 열고, 아버지 하나님을 바라보고 아버지의 마음을 회복해서 내 주변의 다른 사람들을 인정하고 이해하고 섬겨야 된다.

마음

마음의 밭이 있다. 길가 밭, 돌 밭, 가시 밭, 좋은 땅이 있다. 주인 닮은 정원이라고 마음 밭을 잘 일구어야 된다. 묵은 땅을 기경한다고 할 때, 기경한다^{cultivation}는 영어단어는 문화^{culture}라는 단어와 어근이 같다. 마음을 갈아엎고 가꾸어야 문화인이 되고, 좋은 땅이 되고 백 배의 결실을 얻는다.

마음에도 문이 있다. 마음이 활짝 열린 사람이 있고 꽉 막히고 답답한 사람이 있다. 마음 문을 열면 예수님이 들어오셔서 우리와 함께하신다. 고집불통이 아니라 신통, 인통, 물통, 사통의 사람이 되어야 한다.

　마음에도 강약이 있다. 완악하고 강퍅케 됨을 면하라고 했다. 간경화처럼 마음의 경화가 생기면 큰일이다. 온유함이 있는 부드러운 마음을 유지해야 한다.

　마음에도 끈이 있다. 화끈, 매끈, 불끈, 질끈, 따끈한 마음이 있다. 마음 줄을 놓으면 정신을 잃고 마귀가 틈을 탄다.

　마음에도 힘줄이 있다. 근육이 있다. 마음먹기 나름이다. 담대한 믿음을 소유해야 된다.

　마음의 높이와 넓이와 깊이가 있다. 4차원의 수준 높은 마음을 가져야 된다. 마음에서부터 하늘과 땅의 차이가 난다. 마음의 넓이는 열방을 품을 수도 있고 한 사람을 마음에 품지 못할 수가 있다. 마음의 깊이는 무궁무진하다.

교회의 필요를 따라

사도행전에 보면 초대교회 성도가 각 사람의 필요를 따라 자신의 것을 나눠주는 내용이 나온다.[행4:32] 교회의 구성은 필요를 따라 이루어진다. 그때그때 하나님의 음성에 민감하게 반응하면 하나님의 세미한 소리를 들을 수 있고, 시대의 부르심의 필요성을 느끼게 된다. 하나님께서는 우리의 필요를 아시고 일마다, 때마다 복을 주신다. 만남의 축복을 주시기도 하고, 합력해서 선을 이루시는 하나님께서는 돕는 자를 붙여 주시기도 한다. 모여서 기도하다 보면 하나님의 뜻하심이 깨달아지고, 교회의 필요를 따라 자연스럽게 인재가 세워지고, 조직과 시스템이 만들어진다.

하나님께서 필요해서 허락하시고 때를 따라 채워주므로 역동성이 생긴다. 건강도 음식이 당기는 것을 먹으면 되듯이 하나님은 소원의 항구로 인도하시고, 교회의 영적인 공동체는 필요에 따라 사람이 세워지고 사역을 감당하게 된다. 이 시대의 가장 필요한 것이 무엇인지 하나님의 뜻을 물어야 되고, 때에 맞는 적절한 반응과 순종이 필요하다. 하나님께서는 일마다 때마다 필요를 채워주신다. 하나님의 부르심, 시대의 요청, 역사적 사명, 내면의 소리, 교회의 필요가 하나로 만날 때, 명품이 나타나리라.

손금술 장로님을 떠나보내며

우리교회 은퇴 장로이신 손금술 장로님이 소천하셨다. 많은 성도가 있는 포도원교회는 경조사가 많지만 손금술 장로님의 별세는 특별하다. 교회의 수장로님으로서 늘 기도의 모범이 되셨다. 몸이 불편하신 데도 한밤중에 예배당에 오셔서 기도하신 시간이 많다. 특히 주일이 되면 밤중에 오셔서 새벽기도 후 1부 예배를 마치고 일어나셨다.

집이 멀어도 성전을 지키려고 애를 쓰셨다. 한창 구역예배를 인도하실 때는 한 주에 13구역을 돌아보고 설교하셨다. 새가족 공부를 오랫동안 인도하셨다. 신학 공부도 하시고, 성경읽기는 말할 것도 없고, 성경쓰기만도 스물일곱 번을 하셨다. 화명성전을 건축할 때 건축위원장을 맡아 기도로 감당하셨다. 주일예배 때의 대표기도는 후배집사들에게 하나의 모델이 되었다. 우리 교회의 은퇴 장로님으로 기도대장으로서, 사랑하고 존경하는 장로님으로서 너무나 훌륭하신 분이 이 땅의 일생을 마무리하고 하늘나라로 가셨다.

엘리야가 죽었을 때, "이스라엘의 병거와 마병이여"라고 하였듯이 포도원의 보물이셨다.

접근

사건보다 해석이 중요하고 사역보다 이해가 우선이다. 어떻게 바라보고 판단하고 받아들이느냐에 따라서 밑그림이 그려진다. 시각 차이가 실력 차이다. 그 다음에는 접근방식이 다양하다.

어떻게 어디서부터 시작해야 하는지 판단해야 한다. 실력을 가늠하고 일의 전후를 살펴서 접근 가능한 부분부터 다가가야 한다. 접근방식이 지혜이다. 그리고 접근속도가 중요하다. 사랑이 상처가 되고 관심이 부담이 될 수 있기 때문이다.

지금 해야 되는지 다음에 해도 되는지 우선순

위를 정해야 한다. 소 잃고 외양간을 고치거나 기차 지나고 손들면 아무 소용이 없다. 때를 분간하지 못하고 때를 놓쳐서 어려울 때가 많다. 때를 분별하는 것이 실력이다. 그 후에는 집중하고 올인하고 끝장을 보기까지 열정을 가지고 밀어붙여야 한다. 그때에 이유, 원망, 핑계, 변명이 아닌 주도적이고 창의적인 자세가 중요하다.

관심, 집중, 열정

갈증, 긍정, 열정

계획, 실천, 평가

부드럽게 날아가서 벌처럼 쏘아야 된다.

기도로 깨어있고 말씀으로 분별하며 성령의 인도에 민첩해야 된다. 구경꾼이 아니라 일꾼이 되고, 일을 저지르는 사람이 아니라 접근해서 해결하는 사람이 되어야겠다. 문제^{problem}를 보지 말고 약속^{promise}을 보아야 한다.

마음 만들기

열 길 물속은 알아도 한 길 사람 속은 알 수가 없다. 내 마음 나도 모른다. 대부분의 병은 마음에서부터 시작된다. 마음이 없으면 아무것도 없다. 이심전심이 소통이다. 마음이 통하면 시간도 통하고 물질도 통한다. 사람의 마음은 깨지기 쉽고, 상처받기가 쉽다. 말 한마디에 억장이 무너지고 살고 싶은 생각이 사라지기도 한다.

마음은 그저 지킨다고 되는 것이 아니다. 마음을 아무데나 흘리지 말아야 된다. 마음을 쉽게 주지 마라. 마음을 주기는 쉬운데 거두기가 어렵다.

누가 무슨 말을 해도 마음의 넉살을 키워야 된다. 약간은 무덤덤하게, 무감각하게, 무반응 할 줄 알아야 된다. 훈련되고, 연마되고, 단련되면 마음의 상처를 덜 받는다. 마음의 여유와 평강을 누리기 위해서는 성령으로 충만함을 받고 하나님의 때를 기다릴 줄 아는 믿음이 있어야 된다. 내 마음의 경영보다 하나님의 인도하심이 중요하다.

마음을 쉽게 빼앗기지 말고 마음의 상처를 받지 않도록 면역성을 키우고 마음의 항체를 구축하도록 말씀과 기도로 다듬어야 한다. 마음이 담대하고 평안하기 위해서는 오랜 기도와 많은 눈물을 흘려야 된다. 내 마음을 확정하고 정과 욕심을 십자가에 못 박고 주의 보혈로 마음의 상처, 트라우마를 치료받을 수 있다.

아름다운 동행

사람들이 함께 더불어 살아가기가 여간 힘든 게 아니다. 사람마다 생각하는 규모가 다르기 때문에 일을 해석하는 것이 다르다. 어떤 사람은 숲을 얘기하고, 어떤 이는 나무를 얘기하기 때문에 스케일이 안 맞다.

일을 할 때 속도도 다르다. 급하게 하는 사람이 있고, 느림의 미학을 즐기듯 천천히 하는 사람이 있다. 일을 처리하는 속도의 차이 때문에 감정 충돌이 생긴다. 사람마다 사고방식이 다르고 생활습관이 천차만별이다 보니 사람과 사람이 만날 때에 대화와 소통, 공감이 이루어지기보다 오해와 충돌이 일어나고 그 와중에 사람의 감정이 상하고 마음을 다친다. 우리네 삶이 분주하고 여유가 없다보니 쉬운 일도 싸움이 된다. 감정이 상해서 관계가 뒤틀리고, 마음에 분노가 있으니 인간관계가 까칠해지고 만남이 두려워진다. 다들 힘들어 하고 다들 부담스러워 한다.

2+2=4

이해하고 이해하면 사랑이 된다는 뜻이다. 타인을 이해하고 자기 욕심을 내려놓고 대화를 배워서 좋은 만남을 구축해야겠다.

반전의 축복

목표가 있는 것이 복이다. 이룰 수 없는 꿈을 꾸고 수준에 맞지 않는 뜻을 세우고, 불가능해 보이는 계획을 세워서 밀고 나아가는 목표가 결국 사람을 끌고 간다. 엄청난 부담감이 사람을 멈추지 않고 움직이게 하는 원동력이 된다. 비전과 목표를 상실하는 것이 비극이다. 목적이 끌고 가는 사람이 좋다. 사람은 능력만큼 일하지 않고 목표만큼 일한다.

상처가 축복이다. 마음의 상처가 깊어지면 한이 맺힌다. 신앙의 세계에서는 한이 변해서 흥이 된다. 상처가 영광이 된다. 콤플렉스가 스타렉스[중의 별]가 된다. 아픈 만큼 성숙해진다. 열등감 때문에 엄청 노력을 해서 그 어느 순간 자신감을 갖게 된다.

과정이 축복이다. 사람들은 속전속결을 원하지만 하나님의 물레방아는 천천히 돌아간다. 때가 차야 이루어진다. 서럽고 힘들고 어려운 시절에 사람이 숙성되고, 발효되어 진국이 된다. 단기간에는 변화가 일어나지 않는다. 아이는 열 달을 어머니 뱃속에 있어야 된다. 제자훈련은 2년의 과정이 필요하다. 인생은 춘하추동을 지나야 된다. 세월이 약이다. 모든 것은 지나간다. 조급증과 강박증을 버리고 하나님이 정하신 때를 기다리자.

주의사항

생각을 조심해라. 공상을 하지 말고, 망상을 버리고 헛된 생각을 내려놓아야 된다. 사람 몸에서 가장 예민한 곳은 두뇌이다. 머리에서부터 모든 것이 시작된다. 성경적인 기준을 가지고 생각하라.

말을 조심해라. 생각은 결국 말이 되어서 튀어나온다. 생각나는 대로 마음이 흐르는 대로 다 말을 해서는 곤란하다. 언어의 절제가 인격이다. 말은 씨가 되고 행동으로 나타난다.

행동을 조심해라. 심은 대로 거두고 행한 대로 상급을 받는다. 말과 혀로만 사랑하지 말고 행함과 진실함으로 사랑해야 된다. 생각은 민감하게 행동은 진중하게 함이 좋다. 말과 행동이 가벼우면 화를 면치 못한다.

　습관을 주의해라. 관심을 가지고 생각하고 행동을 하다보면, 습관이 되고 체질이 되고 그 사람의 스타일이 된다. 이기는 사람은 습관이 다르다. 세 살 버릇이 여든까지 간다. 습관이 최고 사령관이다. 긍정적인 습관이 악습을 밀어낸다. 습관은 성격을 형성한다.

　성질을 주의해라. 이심전심이 좋고, 코드가 맞으면 모든 것이 원활하다. 성격의 파장이 맞지 않으면 피차 거북하다. 자꾸 짜증을 내거나 순간적으로 화를 자주 내거나 고질적인 어떤 행동이 상습적으로 나타나면 고약한 성격이 된다. 성격이 운명을 결정짓는다.

주전자 정신

주인공 의식을 가지고 주도적인 삶을 살아서 주류를 이루고 전문적인 분야에서 실력을 키우고 자신감을 가지고 당당하게 살아가는 사람의 정신을 주!전!자! 정신이라고 한다.

사람들은 흔히 갑과 을의 관계에서 자신은 을이라고 생각한다. 자기를 비주류로 생각하기 때문에 피해의식을 가지고 자신을 아웃사이더로 무시하고 자격지심을 갖는다. 하나님은 한 사람 아브라함을 복의 근원이 되게 하셨다. 자신의 인생을 하나님 앞에서 진지하게 살아가는 사람은 주도적인 삶을 살아간다. 비주류처럼 뒤에서 궁시렁거리며 비판적, 소극적인 삶을 살지 말고, 주도적으로 모든 것을 당당하게 헤쳐 나가야 한다.

 사람은 많은데 일꾼은 드물다. 자기주장만 하지 말고 어느 곳에서든지 어울리고 필요충분한 사람이 되자. 주전자 정신을 가진 사람은 그런 사람이다. 기도의 주역이 되고, 기적의 주인공이 되어 말씀에는 박사, 기도에는 도사, 전도에는 프로가 되어야 한다. 하나님이 주신 자기의 삶을 사랑하고 자긍심을 가지고 당당하게 살아가야 된다.

 맡은 분야에서 실력을 갈고 닦아 최고의 실력을 갖추어야 된다. 관심을 가지고 배우기를 힘쓰고, 끊임없이 반복해서 훈련을 하다보면, 프로가 되고 고수가 되고 달인이 될 수 있다. 비교 의식과 경쟁 의식이 아니라 나만의 몸짓과 스타일로 자신감을 가지고 당당하게 살아갈 일이다.

그래도 대화가 필요해

말하기가 가장 쉬운 것처럼 보이지만 말이 제일 어렵다. 이야기는 누구나 잘하는 것 같지만 대화는 어렵다. 마음을 열고 이심전심을 이루고 공감대를 형성하기는 쉽지 않다. 말을 하다보면 내가 전한 뜻이 와전되기도 하고, 오해가 생겨서 기분이 상할 때가 있다. 그래서 대화를 하지 않으면 점점 거리감이 생기고 감정적으로도 멀어진다. 자기 감정선을 넘어서 다시 마음을 열고 막상 대화를 해보면 오해도 풀리고, 감정도 해소되고, 소통이 된다는 것을 느끼게 된다.

불통하면 불행하고 소통이 안 되면 고통이 온다. 대화를 하지 않으면 서로가 어떻게 했던 간에 피차간에 손해가 있다. 또한 그 중에 나 자신에게 가장 큰 피해가 있다. 일은 일대로 되지 않고, 관계만 악화될 뿐이다. 그래서 대화가 끊어진 사람과는 계속 마음 문을 열기 위해 찾아가고, 전화하고, 문자 연락이라도 해야 한다.

  끊임없는 대화의 도전은 시간과 방법도 새롭게 만들어 낸다. 어디에서나 누구에게나 진솔한 대화가 필요하다. 막힘없이, 거침없이, 의사소통 능력과 조정 능력이 필요하다. 다른 사람과 마음을 나누며 불편한 사람과 사이좋게 지낼 수 있는 것이 능력이다. 속 좁은 생각에 머물러 있지 말고 타인을 품으면 내 마음도 풀어진다.

데미지 Damage

사람은 살아가면서 상처를 받는다. 사람을 만날수록 관계의 고통이 있다. 말끝에 상처를 받고 여러 유형의 정서적, 인격적 폭력을 당한다. 무의식적으로 웅덩이에 돌멩이를 던지면 개구리가 다친다. 인간관계에서 상처가 없을 수는 없지만 주로 약하고 착하고 순한 사람이 상처를 많이 받는다.

상처가 없는 세상은 없지만 어쨌든 상처를 이겨야 된다. 자생력을 키우고, 면역성을 강화하고, 항체를 갖추어야 한다. 마음에 스펀지를 두고 상처에 대한 완충작용을 하도록 해야 한다. 관계 속에 쿠션을 두고 소화를 해야 된다.

상처받는 일을 피할 수가 없다면 자신이 상처를 덜 받도록 내 마음을 단련시켜야 한다. 조개가 상처가 났을 때 진액을 짜내어 감싸고 감싸다가 마침내 영롱한 진주알이 된다.

주께서는 우리의 상처 입은 마음을 어루만지시고 회복시켜 주신다. 주께서 우리를 받아 주시고, 회복시켜 주신다. 그가 찔림으로 우리가 나음을 입고, 그가 맞음으로 우리가 고침을 받는다.

표현과 이해

사람과 사람사이에서 대화를 나눌 때에 소통이 되지 않아서 오해를 할 때가 많다. 사람마다 성장과정 속에서 형성된 성품과 성향이 다르다. 단어 하나에 흥분하기도 하고 공감을 느끼기도 한다. 인간관계에 있어서 대화만큼 중요한 것이 없다. 문제는 대화가 어렵고 힘들다는 것이다. 전인적인 이해가 되지 않을 때는 오해와 와전, 굴절과 편견이 인간관계를 변질시킨다. 대화를 하기 전에 상대방을 알아야 하고, 본심을 기억해야 한다.

말꼬리 붙잡고 늘어지거나 홧김에 일을 저질러

서는 안 된다. 사람마다 지문이 다르듯이 내면의 세계도 복잡하고, 마음도 천차만별이다. 내 속에 내가 많고, 그 내가 표현되어질 때는 마음처럼 다 표현되지 않으므로 그 사람의 표현이 그 사람 마음의 전부라고 볼 수도 없다. 하나님 앞에서 정직하고 사람 앞에서 진실하고 스스로를 속이지 말아야 그나마 진심이 표현된다. 진실하자.

통화 중

얼마 전에 휴대폰을 물에 빠트린 적이 있다. 한 번도 경험하지 않았던 일이라 무척 당황했다. 사역의 상당한 부분에서 휴대폰의 덕을 보는 입장인데, 휴대폰이 물을 먹고 통화 불능상태가 되니 모든 것이 정지되었다. 그렇게 편리하던 기계가 고장이 나니, 사람을 일순간 바보로 만들어 버린다. 언제라도 통화 가능한 줄 알았던 기계가 결정적으로 먹통이 되고 보니, 사역이 그냥 스톱이 되었다.

나는 다른 사람들보다 하나님을 더 열심히 믿

는다고 생각하고 있었는데, 한순간 하나님과 내가 전혀 통하지 않는 사이가 된다면 큰일이다.

말이 통해야 행복하고, 뜻이 통해야 한편이 되고, 정이 통해야 친해지고, 피가 통해야 건강하다.

신통해야 인통, 사통, 물통이라는데, 다행히 기도는 통화 중이다. 쉬지 말고 기도하라. 기도를 쉬는 죄를 짓지 말아야 되는 이유가 여기에 있다. 기계덩어리를 믿지 말고…….

문화의 간격

사람을 알아간다는 것은 친구나 집안, 그 가정의 배경, 문화를 알아가는 것이다. 사람의 성격이 다양하듯이 사고방식, 생활습성, 문화차이가 다양하다. 사람마다 사람을 바라보는 시각도 다르고, 받아들이는 시각도 차이가 있다. 똑같은 상황도 긍정적으로 보거나, 부정적으로 본다.

특히 사람들은 자기 입장에서 모든 것을 자기중심적으로 판단하기 때문에 오해가 일어나고 당혹스러울 때가 많다. 문화적인 차이를 이해한다는 것은 어렵고도 복잡한 일이다. 사람은 단세포적인 존재가 아니기 때문에 다양성을 이해하지 못하면 아무 일도 되지 않는다.

  부부는 남녀의 차이를 이해할 때 행복해지고, 교회는 다양성 가운데 일치를 이룰 때 은혜롭게 된다. 사람을 이해하는 문화적인 안목을 갖추어야 되고 나의 말 한마디, 행동 하나가 문화적인 파장을 일으켜서 파동이 일어나기 때문에 무엇이든지 숙고해야 된다. 문화적인 수준이 올라가는 것은 세월과 인내와 노력이 필요하다. 그래서 문화적인 이해와 포용성과 수용성을 갖출 때, 문화 충돌이 아니라 조화와 작품이 이루어진다.

자격과 자질

사람이 어떤 자격을 갖춘다는 것이 힘들다. 자격증을 따고 공적으로 인정받는 위치까지 올라가는 것이 여간 어려운 일이 아니다. 청년, 대학생들이 공무원 시험, 임용고시에 목을 건다. 그런데 그렇게 외적인 자격을 구비한 사람이라도 자질이 의심스러울 때가 있다. 그 사람의 기본적인 자질은 자격보다 더 우선적이고 중요하다.

토양이 좋을 때 좋은 열매가 나온다. 흔히 자질은 좋은 데 자격을 못 갖추고 무능하게 지내는 사람이 많다. 또한 자질이 안 되면서 자격을 누리려고 하는 사람도 많다. 자질이 안되면서 누리려고 하면, 본인도 주변도 힘들게 된다. 어떤 성자도 과거가 있고, 어떤 죄인도 미래가 있다고 한다. 회개하면 회복되고 항복하면 행복해진다.

  우리가 직분을 감당하다 보면 직분이 사람을 만들어 간다. 날마다 말씀과 기도 가운데 자신을 단장하다 보면 자질도 새로워지고 자격도 구축이 된다. 기적 중에 기적은 사람이 바뀐다는 사실이다. 하나님께서는 날마다 우리를 빚어 가신다. 스펙을 쌓는 것보다 적응력이 중요하다.

내려놓고

욕심이 과하면 문제가 생긴다. 비교심리에 빠지면 자신이 초라하게 느껴지기 쉽다. 자신감이 없어지면 열등감이 고개를 든다. 모든 사고의 뿌리에는 열등감이 도사리고 있다. 열등감이 마음의 상처가 되고, 상처가 한이 되고, 한이 병이 된다. 그것이 사회적으로 표출될 때는 파괴적이고, 반사회적인 돌출행동이 된다. 욕망을 포기하고 욕심을 내려놓고 헛된 마음을 버려야 한다. 쓸데없는 자존심과 사람들에게 잘 보이려고 하는 마음, 자기가 어떻게 해 보려고 하는 마음을 내려놓아야 한다.

　사람은 힘으로 깡으로 사는 것이 아니라 하나님의 은혜로 살아간다. 내 의지로 되지 않는다. 은혜와 진리로 충만해야 된다. 내 마음대로 되지 않는다. 성령 충만을 유지해야 된다. 내 생각대로 되지 않는다. 예수님을 깊이 묵상해야 된다. 바울은 날마다 자기를 십자가에 못 박는다고 했다. 내려놓는 만큼 평안하다. 포기하는 만큼 자유롭다. 지는 것이 이기는 것이다. 하나님의 말씀묵상이 마음에 양약이 된다.

리바이벌 & 서바이벌

성장과 성공, 부흥을 외치지만 무한경쟁 시대에 살아남는 것이 어렵다. 욕심만 앞세워서 서두르고 성급하게 움직일수록 시행착오만 생긴다.

교사강습회 강사로 갔던 적이 있다. 교사들과 질의 토론 중에 교사강습회에 참석한 선생님들이 소속된 교회의 현실에 대해 듣게 되었다. 교회의 상당수가 30명 미만의 주일학생을 가진 교회이거나 혹은 주일학교가 없거나, 아주 적은 숫자의 교인들로 이루어진 교회도 있었다. 쉽게 부흥을 외치지만 생존이 어려운 현실이다.

성경에 보면, 하나님은 강한 자, 똑똑한 자를 쓰신 것이 아니라 약한 자, 남은 자를 들어 쓰셨다. 상수리나무가 베어나가도 주께서는 남은 그루터기를 들어 쓰시고 복을 주셨다.

이 시대에 하나님이 내게 원하는 것이 무엇일까? 그것은 성공이 아니라 성실이다. 성결이다. 성공이 아니라 섬김으로 나아가야 된다.

하나님은 약한 자, 병든 자, 가난한 자를 들어 쓰신다. 사도 바울은 약한 것을 자랑했다. 약점을 자랑하고 부족한 것을 기도제목으로 삼았다. 그 때문에 겸손할 때 오히려 약점이 복의 통로가 되고 기도제목이 된다. 모두 리바이벌을 외치지만 서바이벌이 절실하다. 힘들수록 기본으로 돌아가야 된다. 어려울수록 상식적으로 움직여야 된다. 본질적이고 기본적인데 성실하면 세월이 지나며 아름다운 결실로 나타난다.

까지의 축복

대화를 해 보면 충분히 말뜻을 알아들을 수 있도록 얘기를 했다고 생각했는데, 나중에 확인을 해 보면 전혀 말뜻을 알아듣지 못한 것을 발견할 때가 있다. 소 귀에 경 읽기가 되고, 스치고 지나가는 잔소리로 끝날 때가 많다. 전한 뜻을 제대로 알기까지는 많은 과정이 필요하다. 본인이 직접 느끼고, 체험하고, 깨달아야 아는 것이다. 기도는 될 때까지 하는 것이 기도의 응답이다. 거의 성공한 것은 성공한 것이 아니다. 끝을 보아야 하는 것이다. 자동차의 장롱면허증은 소용이 없다. 직접 연수를 받고 실전에서 다양한 운전경험을 하고 난 뒤에 비로소 노련한 운전자가 될 수 있는 것이다.

  미쳐야 미친다는 말이 있다. 미치기까지 선택과 집중을 통해 온갖 노력을 기울일 때 원하는 수준에 도달하게 된다. 송곳처럼 집중할 때, 렌즈에 빛을 모을 때 종이에 불이 붙는 것이다. 지극정성이라는 말이 있다. 찬송은 하늘에 사무치고 기도는 주께 상달이 된다. 그래서 찬송을 부를 때에 호수에 물결이 번져나가듯이 소리가 일파만파 퍼져서 노래가 되고, 뮤지컬이 되고, 오페라가 되어서 불후의 명곡을 연주하게 될 것이다. 사람의 마음이 감동을 받고 마음에 발동이 걸리기까지 수많은 도전과 비전과 응전이 있어야 된다. 미숙하고, 미진하고, 미완성의 세계가 아니라 될 때까지 끝장을 보는 근성이 필요하다.

돕는 배필

결국 사람이 문제이다. 조직과 시스템을 운영하는 것은 사람이다. 하나님은 사람을 통하여 역사하신다. 한 사람이 경쟁력이고, 최고의 브랜드가 된다. 꽃보다 아름다운 것이 사람이고 가장 무서운 것이 인간이다.

한 사람의 친구만 있어도 외롭지 않다. 사람도 코드가 맞고 마음이 맞는 사람이 있다. 돕는 배필은 내게 딱맞고, 조화롭고 어울리는 사람이다. 하나님은 돕는 배필을 지으셨다. 바라는 배필은 늘 섭섭한 것이 많다. 돕는다는 것은 실력을 갖추고 줄 수 있는 적극적인 모습을 말한다.

건강한 사람이 남을 간호할 수 있다. 힘이 있는 사람이 남을 도울 수 있다. 돕는다는 것은 하나님께서 하시는 일을 돕는 것이다. 주는 자가 복이 있고 섬기는 자가 큰 자이다.

돕는 자는 유익한 자가 되고 영향력 있는 유력한 자가 된다. 자기 자신만 아는 사람은 나쁜 사람이고 조화로운 사람은 좋은 사람이다. 교회가 그대에게 무엇을 해주기를 바라기 전에 내가 돕는 배필이 되어보자. 할 일은 많고, 사람은 없는 시대이다.

제자리를 찾아서

모든 것은 짝이 있고, 어울리는 데가 있다. 사람도 제자리를 잘 지킬 때가 아름답다. 제자리를 찾는 사람이 진리를 아는 것이고, 분수를 아는 것이다. 사람은 자기 위상이 있다. 수학선생님은 분수를 알아야 하고, 미술선생님은 자기 꼬라지를 알아야 하고, 철학 선생님은 너 자신을 알아야 한다고 말한다.

제자리를 사수하는 것이 사명자의 길이고, 제자리를 파악하는 것이 겸손이다. 제자리에 어울리는 것이 예술이다. 사람이 자기 위치를 벗어날 때 주책이며, 방황이다. 사람이 제자리를 넘어설 때 교만이며, 혼란이 온다. 사람은 하나님 앞에서 자기 자신을 발견할 때가 겸손할 때이다. 사람이 자기 자신의 분수를 아는 것이 체면이고, 염치다. 하나님은 각자에게 은사와 사역을 다양하게 허락하셨다. 자기 은사를 발견하고 은사에 어울리는 사역을 찾고, 그 자리에서 조화롭게 어울리는 것이 작품이다.

관계와
세상 통찰

관계(關係)
[명사] 둘 이상의 사람, 사물, 현상 따위가 서로 관련을 맺거나 관련이 있음. 또는 그런 관련.

통찰(洞察)
[명사] 예리한 관찰력으로 사물을 꿰뚫어 봄.

흐름

모든 것에는 흐름이 있다. 건강에도 생체리듬이 있고, 경제도 호경기와 불경기가 있다. 정치도 여론의 흐름이 있다. 신앙도 영적인 주기가 있다. 부흥의 때가 있고 시험의 때가 있다.

지혜로운 사람은 흐름을 파악하고, 흐름을 주도하는 사람이다. 복 있는 사람은 때를 분별하고, 때를 살리는 사람이다.

윗물은 더러워도 나의 때부터라도 물을 맑게 흘려보내야 한다. 흐름을 맑게, 흐름을 도도하게 흘려서 주류를 만들어야 한다. 복의 근원이 되는 사람은 한 점에서 시작하여 도랑, 개울, 개천, 강, 바다를 이루어 가는 사람이다. 물은 아무리 막아도 차오르면 마침내 흘러 넘치게 되는 것이다. 물살이 약해지지 않도록, 곁길로 새지 않도록, 물길이 막히지 않도록, 물결이 역류하지 않도록 해야 한다. 물 근원을 맑게 하자.

하나님은 물댄동산 같이 물이 끊어지지 않는 샘처럼 회복시켜 주신다.^{사 58:11}

공짜는 질색이야

세상에 공짜는 없다. 심는 대로 거둔다. 모든 일에는 시작이 있고, 흐름이 있고, 과정이 있다. 사람은 하루아침에 복을 받지 않는다. 망하는 데도 세월이 필요하다. 싼 게 비지떡이다.

공짜를 좋아하지 말라. 값이 싸고, 빨리 되고, 쉽게 대박이 터지는 것은 거의 사기다. 급히 대박을 노리면 쪽박을 찬다.

땀 흘리지 않고 무엇인가를 얻으려고 하면 불한당이다. 돈을 탐하면 돈다. 정품을 써라. 순정부품을 써라. 그러면 명품인생이 된다.

사람도 품격이 있다. 돈이 급하다고 빌려서 부채인생을 살지 말라. 오랜 세월 빚진 자의 고통이 따른다. 거품은 빠진다. 당장 수월하다고 가짜를 좋아하지 마라. 일회용으로는 살 수 없다. 늦어도 바로 가라. 그것이 오히려 빠른 길이다.

생명의 길, 구원의 길, 진리의 길, 십자가의 길은 좁고, 협착하고, 인기도 없고, 가는 사람도 적다. 그러나 그것이 진짜다. 살 길이다.

쓰리 공이 있다.

하나님은 공평하시다.

세상에 공짜는 없다.

나는 공인이다.

직고하리라

하나님은 도매도 잘 하시고 소매도 잘 하신다. 하나님은 나라와 민족을 다스리시지만 한 개인의 삶도 구체적으로 이끄신다. 하늘에 계신 우리 아버지시지만 나의 하나님, 나의 주님이 되신다.

신앙은 질문과 응답이다. 하나님이 부르실 때에 대답은 내가 해야 된다. 시대의 소명이 있을 때 결단하고 응답하는 것은 내가 개인적으로 하는 것이다. 성경 속에 갇힌 신앙이 아니라 오늘 삶의 현장에서 나의 하나님을 만나고, 동행하며 임재를 누려야 한다. 기도도 내가 직고해서 구체적인 음성을 깨달을 때 은혜와 감동이 온다.

  시대의 흐름이 빨라졌고 직접 통하는 시대가 되었다. 영적으로도 하나님께 직접 기도하고 응답받고 "주여, 내가 여기 있사오니 나를 보내소서"라고 선뜻 대답하고 나설 사람이 필요하다.

  예수님께서 십자가에 돌아가실 때에 성전의 휘장이 찢어졌다. 이제는 누구든지 주 앞에 담대히 나갈 수 있다. 야곱은 하나님 앞에 독대, 직고, 대면하여 이스라엘이 되었다.

하나님 경외가 지식의 근본

경외의 뜻은 두려워하고, 공경하고, 사랑하는 것이다. 긴장감을 놓치면 많은 문제가 일어난다. 마음을 놓고 얘기하지 말라. 생각나는 대로 다 말하지 말라. 아무데서나 마음 놓고 주절대지 말라.

마음은 얼마나 산만하고 상처받기 쉬운 줄 모른다. 사랑하다가 상처받고, 기대하다가 실망하고, 의지하다가 낭패를 당하기 쉽다. 사람을 믿지 말고 사람을 미워하지도 말고 자랑하지도 말라.

시인은 하늘을 우러러 한 점 부끄럼 없이 살아야 한다고 하지만 여간 어려운 일이 아니다. 간이 작은 사람이 복이다. 교만한 것보다도 간이 작아서 발발 떨며 지낼 때가 좋다. 소심한 자가 알뜰하다. 어떤 사장은 고객을 두려워하는 것이 필요하다고 하였다. 사람을 어려워하는 것이 예의다. 강아지 한 마리도 함부로 대하지 말라.

약간의 부담감과 어려움이 복이다. 그럴 때에 거리유지가 되고 조심성이 있을 때 관계가 유지된다. 하나님을 경외하는 것이 지식의 근본이다. 값싼 사랑과 어설픈 이해보다 약간의 어려운 관계가 좋다.

그릇 이야기

사람을 흔히 그릇에 비유한다. 그릇의 크기만큼 포용할 수 있어 그런가보다. 다행스럽게도 사람의 마음의 그릇은 키울 수가 있다. 마음이 좁고 작은 사람은 정신적인 수용성이 작기 때문에 잘 받아들이지를 못한다. 그렇다고 큰 그릇이 무조건 좋다는 것은 아니다. 통이 큰 사람은 사소한 실수를 자주한다. 스케일과 디테일을 겸비해야 한다. 깨끗한 그릇, 투명한 인격, 맑은 사람이 쓰임 받는다.

주께서 쓰시는 사람의 특징은 성별, 거룩, 순수

함이다. 사심이 없는 사람이 존경받는다. 씨앗은 똑같아도 밭의 상태가 열매를 좌우한다. 성경은 묵은 땅을 기경하고, 마음밭을 옥토로 만들어야 열매가 풍성하다고 가르친다. 무릇 지킬만한 것보다 마음을 잘 다스려야 된다. 사람은 그릇대로 되는 것이다. 기도의 잔을 높이 들 때 복의 잔이 흘러넘친다. 사르밧 과부의 기름통과 같이 끊임없이 공급받는 그릇을 가져야 한다. 가나 혼인잔치 집의 물통이 극상품의 포도주가 되었듯이 주께서 우리를 만지사 기적의 그릇이 되게 하실 것이다.

하나님은 깨어지기 쉬운 질그릇에 보배를 담아 두신다. 통 큰 대인도 중요하지만 간장을 담는 종지도 필요할 때는 요긴하게 쓰임받는다.

말랑말랑한 사람

사람을 대할 때에 부드러운 사람, 편안한 사람, 훈훈한 사람이 있다. 또 왠지 거북하고, 까칠하고, 불편한 사람도 있다. 모든 것은 관계인데 원만하고 순적한 만남이 좋다. 인간관계는 상대적이어서 어떤 사람에게는 마냥 잘 대해주는 반면, 어떤 사람에게는 그냥 까다로워지기도 한다. 아니 어떤 때에는 좋다가도 어떤 경우에는 사람이 달라지는 변덕도 부린다.

온유한 자가 땅을 차지한다. 성질 급한 사람이 일을 그르친다. 자기 성질을 컨트롤할 수 있는 사람은 대단하다. 댐 현상은 물의 흐름을 댐으로 막아놓고 시간의 흐름에 따라 물이 고이고, 쌓여서 마침내 흘러넘칠 때는 엄청난 속도로 쏟아지게 만든 것이다. 사람이 마음에 댐처럼 고이고, 쌓이게 하면 댐이 터지듯이 무너지고 만다. 풍선에 바람이 많으면 터지기 쉽다.

사람이 대화를 해보면 마음이 말랑말랑한 사람이 있다. 수용력과 적응력과 친화력이 뛰어나다는 말이다. 고양이는 높은 데서 떨어져도 다치지 않는다. 치아는 강하고 혀는 약하다. 하지만 부러지거나 빠지는 것은 치아이지 혀가 아니다. 성경은 어린아이와 같이 되지 않으면 결단코 천국에 못 간다고 했다.

마음의 여유를 갖고 말랑말랑한 사람, 온유한 사람으로 자기를 메이크업해 보자. 성령의 열매가 온유함이다.

인격의 높이, 넓이, 깊이

인격은 사람을 이해하는 깊이에 비례한다. 사람만큼 어렵고 난해한 존재가 없다. 몇 년을 사귀어도 낯설고 힘든 것이 인간관계이다. 사람을 알아간다는 것은 기도제목이 많아진다는 것이다.

사랑할 수 없는 사람을 사랑하는 것이 수준이다. 미움과 시기의 대상이 없어야 마음이 사랑의 왕국이 된다. 질투와 멸시의 관계가 아닌 사랑과 존경의 관계가 필요하다. 사람은 대우하는 만큼 내 마음에 남는다. 악한 사람도 선대하면 좋은 사람이 된다. 가는 말이 고와야 오는 말이 곱다.

마음을 넓히고 시야를 키우고 열정을 더하여 인간관계를 확대, 심화시켜야 된다. 친구나 포도주는 오래될수록 좋은 것이다. 행복지수는 관계지수와 비례한다. 회개와 감사 기도를 통하여 인간관계를 깊게, 높게, 넓게 해야 된다.

간격 좁히기

사람과 사람 사이가 멀어지면 관계가 썰렁해진다. 인간과 인간 사이에 간격이 벌어지면 오해가 생기기 쉽다. 큰 둑도 작은 틈바구니가 생기면 물이 새고 마침내 큰 제방도 무너진다. 사람과 사람 사이에 간격을 좁히기 위해서는 대화가 필요하다. 마귀는 틈을 타고 오기 때문에 우리가 기도할 때에 쉬지 말고 기도하고, 마귀에게 틈새를 주면 안 된다. 예수님은 막힌 담을 열고, 성전에 휘장을 찢어서 누구든지 하나님 앞에 나아갈 수 있게 하셨다.

사람과 사람 사이는 조금만 사이가 멀어지면 오해와 원망이 생긴다. 사람 사이가 벌어지면 꼭 마귀는 그 틈을 비집고 들어온다. 여호와를 가까이 함이 내게 복이라고 하였다. 하나님은 가까이 하고, 마귀는 멀리 해야 한다. 선한 데는 지혜롭고, 악한 데는 미련해야 한다. 성도와의 교제 가운데서도 틈을 주지 말고 기도와 사랑의 끈으로 하나가 되어야 한다. 포도나무 가지는 줄기에 붙어야 한다. 접촉불량은 곤란하다.

  정서상의 거리와 영적인 관계가 친밀해야 된다. 함께 모이고, 함께 기도하고, 서로 축복해야 된다.

변화와 수용

사람은 현재 자신의 모습에 만족하지 않는다. 끊임없는 성장과 변화를 꿈꾼다. 그러다보니 좌절과 낙망에 빠지기도 한다. 우리가 어디까지 변해야 될까? 인간의 한계는 어디까지인가? 어떤 사람은 너무 쉽게 자포자기한다. 반면에 어떤 사람은 자기 자신을 너무 가혹하게 밀어붙여서 목적 성취를 하지도 못하고 병이 나고 만다. 도대체 어디까지 밀어붙여야 할까?

목표를 설정하는 지혜가 필요하고 자기의 은사를 아는 지혜가 필요하다. 변화를 꿈꾸라. 그러나 안 되는 부분은 포기의 복을 누려라. 안 되는 부분은 절망의 요소가 아니라 자연스럽게 수용해야 한다. 하나님은 내 모습 이대로 사랑해 주신다. 결과도 중요하지만 과정이 중요하다. 항상 내 은혜가 내게 족한 줄 알아야 한다.

이상과 현실 사이에서 소원과 성취 사이에서 늘 갈등하고 머뭇거리는 것이 인생이다. 하나님이 주신 목표를 따라서 날마다 최선을 다 할 일이다. 그리고 안 되는 부분은 감사하고 기뻐하고 즐거워 할 일이다.

삼한사온

겨울철 날씨를 살펴보면 삼한사온 현상이 나타난다. 그런데 신앙생활에도 삼한사온 현상이 나타난다. 작심삼일이라고 은혜를 받아도 오래가지 못하고 삼일만 지나면 열기가 식는다. 성령 충만한 상태를 어떻게 유지할 수 있느냐가 관건이다. 사람이 늘 뜨거울 수는 없다. 그래도 영성을 잘 유지해야 한다.

항상 불같이 뜨거울 수도 없지만 늘 침체에 빠져있을 수도 없다. 말씀과 기도를 통해 영적인 컨디션을 잘 유지해야 한다. 시험에 빠지지 않게 조심하고, 교만하지 않도록 주의하며, 영적인 우울증에 빠지지 않도록 영성을 관리해야 된다. 은혜의 말씀을 듣고 찬송을 쉬지 않고 기도의 끈을 놓아서는 안 된다. 한번 영적인 침체가 오면 회복하는 것은 무척 힘들다. 성령 충만함이 승리의 비결이다. 신앙생활은 예민하다. 듣는 것과 보는 것, 말하는 것에 따라서 영성이 좌우된다. 날마다 겸손히 말씀을 붙잡고 살아가는 평범한 삶이 중요하다.

기복이 심한 것이 아니라 일용할 양식, 한날의 괴로움도 만족하며^{마 6:34} 살아갈 일이다.

흐르는 강물처럼

삶을 물 흐르듯이 살아간다는 것이 쉽지 않다. 막힘도 많고 거침도 많다. 감정을 따라 살아가면 부딪치고 싸우고 상처를 받는다.

삶의 야성을 가지고 역류하려면 먼저 말씀을 붙잡아야 된다. 억지로라도 말씀을 묵상하고 암송하고 예배를 드리면 아버지 하나님의 뜻을 깨닫게 되고 하나님이 기뻐하시는 대로 나를 맞추다 보면 흐름이 생긴다. 감정에 충실한 흐름이 아니라 성령의 인도하심이 나타난다.

말씀이 회복되고, 예배가 회복되고, 하나님과

의 만남이 회복되면 인생만사가 물 흐르듯이 제대로 된 흐름이 생긴다. 물은 높은 데서 낮은 데로 흐르듯이 하나님의 은혜의 손길은 겸손한 자를 만지신다. 막힘없이, 거침없이, 구원역사는 흘러간다.

 작은 흐름이 대세가 되고 일류, 한류, 본류, 주류가 된다.

좋은 사람들

사람들과 이야기를 나누다 보면 그 사람에게 큰 영향을 끼친 사람에 대해 듣게 될 때가 있다. 하나님의 방법은 사람이다. 인사가 만사다. 하나님은 시대마다 사람을 통해서 역사하신다. 금맥이 있듯이 인맥이 있다. 왕대밭에 왕대난다.

어떤 한 사람이 뚜렷한 사역을 할 때 그 사람에게 좋은 모델, 아름다운 영향력을 미친 사람이 있다. 어릴 때에 만난 사람에게 감동을 받으면 그 영향으로 인생의 방향을 잡게 된다. 기독교 교육은 가르치는 것이 아니고 바라보는 것이다. 믿음은 바라는 것들의 실상이다.

미국에서 사역기간 중에 훌륭한 목사님을 만났다. 그 목사님에게 큰 영향력을 미친 사람이 있었는데, 목사님이었다고 한다. 고교시절에 SFC 하기수련회에서 설교시간에 큰 도전을 받고 비전을 가지게 되었다고 한다. 수십 년이 지난 후, 그 롤모델보다 더 큰 사람이 되어 있었다.

본받을만한 사람의 흉내만 내어도 큰 배움이 생길 것이다. 성경은 믿음의 영웅들의 인맥을 볼 수 있다. 행복한 동행자, 숨겨진 제자들, 무명의 그리스도인들, 익명의 헌신자, 성령에 감동된 사람들, 영에 속한 사람들, 성령의 불을 전달했던 영적 방화범들, 한 시대를 역류했던 깨어 있는 개혁주의자들!

엉뚱한 사람

지금은 LA 다저스의 투수이지만, 전에 한화에 소속되었을 때, 류현진 선수를 '괴물'이라고 불렀다. 류현진 선수가 던지는 공이 위력적이어서 그런 별명이 붙은 것이다. 사람이 던질 수 없는 공을 던지기에 괴물이라 칭한 것이다.

최근에 귀하게 사역하는 목사님을 만났는데 이분은 한마디로 '엉뚱'한 사람이었다. 발상과 착상이 특이하고 도전과 모험정신이 약간 무모하고 보통 사람들이 생각하지 않는 엉뚱한 면이 있다. 그것이 약간의 소신이요, 확신이요, 고집이요, 밀어붙이는 추진력이었다.

오랜 기도와 깊은 묵상과 영혼의 깊이가 어떤 아이디어나 이벤트로 나타날 때는 상상 밖의 엉뚱한 모습이지만, 열매는 폭발적이고 획기적으로 나타났다. 즉흥적이고, 임시적이며, 가변적인 일이 아니라 오랜 내면의 필터작용을 거쳐 정화되고, 순화되고, 결집된 하나의 작품이 탄생되는 것이다.

성도는 거룩한 무리이다. 거룩은 깨끗함과 함께 구별의 뜻이 있다. 믿음의 영웅들은 다르게 살아간 사람들이다. 쉬운 길을 포기하고, 고난을 자취하고, 엉뚱한 길을 도도히 걸어간 사람들이다.

샘물과 저수지

샘물은 윗물이 더러워도 상관없다. 깊은 산속의 샘물은 끊임없이 솟아나서 자기정화 능력을 갖추고 있다. 솟아오르는 샘물은 흙탕물도 떠내려 보내고 낙엽도 떠내려 보내어 샘물은 스스로를 정화시킨다. 그 샘물은 흘러가면서 주변에 심긴 나무를 푸르게 만든다. 산천초목에 유익을 준다.

반면에 저수지는 큰 둑을 만들어서 물을 욕심으로 가두어 두지만 고인 물은 썩고, 냄새가 나고, 침전물이 쌓여 죽어간다. 샘물은 작아도 끊임없이 솟아나서 자기정화 능력을 갖추고 저수지는 커도 상당한 문제를 초래한다.

사람도 샘물형이 있고 저수지형이 있다. 욕심만 많고, 받기만 하고, 현실과 비전을 감당할 수도 없으며, 점점 악하고 추한 모습을 형성하는 사람이 있다. 반면에 샘물형 인간은 퐁퐁 솟아난 물을 흘려보내기 때문에 썩지 않는다. 아침마다 회개하고 끊임없이 자기를 쳐서 십자가 아래 복종시키고 하나님의 뜻을 따라 날마다 새로워지기 때문에 새 사람이 되어 새 생활을 한다. 자기회개, 자아수정, 자신의 변화가 필요하다. 남에게 해를 끼치지 않고 자기 스스로 적용과 순종과 부흥을 넘어 변화를 이루는 사람이 되어야겠다.

마당을 쓸고 멍석을 깔자

손님을 맞이하기 전에 마당에 비질을 하고 오시는 길을 정갈하게 한다. 잔칫집에는 멍석을 깔고 잔칫상을 펼친다. 일꾼의 모습 중에 가장 답답한 것은 가만히 있는 것이다. 악하고 게으른 종은 쓰임 받을 수 없다. 예수님의 명령도 가서 제자 삼으라고 했다.

삶의 자세를 적극적으로 가져야 된다. 구더기 무서워 장을 못 담그면 안 된다. 일끝에 마음이 상하고, 명절 끝에 이혼을 하고, 잔치 끝에 피곤한 일도 있지만, 고생 끝에 낙이 오고 가지 끝에 달고 향기로운 열매가 맺힌다. 새 생명을 출산하기 전에는 열 달 동안의 잉태와 산통을 치러야 된다. 한 생명을 얻기까지 오시는 길, 쓿고 멍석을 깔고 잔치를 벌이자. 상상의 나래를 펴고 오금을 펼쳐서 얼굴 가득히 미소를 머금고 손님을 맞이하자.

가만히 있으면 은혜 받을 일도, 시험에 들 일도 없다. 그러나 애를 쓰고, 용을 쓰고, 힘을 써야 무엇인가 나올 것이다.

예배를 회복하라

인간관계보다 중요한 것이 하나님과의 관계이다. 사람이 살아가면서 사람들과 부딪치면서 갈등과 관계의 고통이 있다. 그럴 때에 윤리와 도덕, 인격적으로 문제를 제시한다. 그러나 도덕적이고 인격적인 회복보다 하나님과의 만남이 우선이다. 예배를 회복할 때에 하나님과 진실한 만남이 이루어진다. 개인예배, 기도가 회복되어야 한다.

하나님과 나만의 독대, 직고를 통하여 골방에서 눈물이 회복될 때, 영혼이 맑아지고 사람이 회복이 된다. 교회 안에서 구역과 남, 여전도회, 즉

소그룹 만남에서 나 자신의 인격이 드러난다. 그 때에 자격지심과 수치심이 일어나지만 소그룹 가운데에서 하나님의 터치를 경험할 때에 사람이 한 단계 성숙한다. 또한 예배를 회복할 때에 말씀과 찬양과 기도를 통하여 하나님과 만나고, 그때에 회개와 감사를 회복하며 인격적인 결단과 변화가 일어난다. 예배에 성공하면 모든 것이 성공한다.

교회는 날마다 새로워져야 한다. 예배는 날마다 회복되어야 된다. 다윗이 인격적인 문제에도 예배를 회복해서 하나님 마음에 합한 자가 되었다. 엘리야가 무너진 제단을 수축하고 기도할 때에 권능을 덧입고 쓰임 받았다.

바다처럼

바다는 온갖 것들을 다 받아들이면서도 자신의 색깔을 잃어버리지 않는다. 사람의 그릇 크기는 수용성이다. 어떻게 이해하고 받아들이느냐에 따라 그 사람의 역량을 가늠해 볼 수 있다. 이해와 수용이 그 사람의 건강이다. 속이 불편할 때는 소화력이 떨어진다. 건강한 사람은 돌이라도 소화한다.

우리가 사는 현실은 수많은 만남과 충돌이 있다. 어떻게 해석하고 받아들이느냐에 따라서 약이 되기도 하고 독이 되기도 한다. 무엇을 받아들일 때에 아무것이나 받아들이지 않는다. 냉정한 분석과 엄격한 평가 이후에 수용을 한다. 그런데 분석과 판단을 할 때는 자칫 멸시와 거리감이 느껴질 수 있다. 사람 사이에 거리감이 생기면 사이가 멀어진다. 어떤 일을 할 때에 변명과 핑계와 원망과 비난을 하면 답이 나오지 않는다. 바다는 말없이 온갖 것을 받아들인다. 끊임없이 밀물과 썰물이 파도치니 바다는 썩지 않는다. 바다는 늘 푸른 색깔을 유지한다.

바다는 3%의 염분이 있어서 바닷물은 변질이 되지 않는다. 넓은 바다는 모든 것을 안고 있다. 다수 중에서도 자기만의 색채를 잃어버리지 않는 사람, 복잡함 중에서도 중심을 잃지 않는 사람이 건강하다. 바다는 자기정화 능력이 있다. 웬만한 오수, 폐수는 정화를 시켜낸다.

안경효과

프로야구 롯데자이언츠 조성환 집사는 그동안 시력이 약해서 타격감이 떨어졌었는데 안경을 맞춘 이후로 홈런을 치고, 타격 감각을 회복하였다고 한다.

사람들은 어려울 때 무조건 참아야 된다는 생각을 한다. 그러나 지금은 전문가의 시대이다. 전문적인 상담이나 진료를 하면 훨씬 좋아진다. 기술이 발전되고 전문적인 부분에서 수준이 높아졌기 때문에 상당한 도움을 받을 수 있다. 다양한 도구와 풍성한 보조용품이 많다. 혼자 고민하고 참지만 말고 전문가의 도움이나 도구를 활용한다면 우리의 삶이 한결 좋아질 수가 있다.

참는 것이 능사가 아니다. 끊임없는 대화와 소통을 통하여 공감대를 형성하고, 거기서 조언을 얻는다면 나 혼자서는 할 수 없는 멋진 대안이 나올 것이다. 사람들이 연결하는 것에 약하다. 각자 힘들고, 일마다 어렵고, 때마다 바쁘다. 서로 나눌 때에 기쁨은 배가 되고 아픔은 반감된다. 고집스럽게 자기 생각만 하지 말고 나무를 보고 숲을 볼 줄 알아야 된다. 구슬이 서말이라도 꿰어야 보배가 된다. 하나님이 주신 다양한 선물을 활용한다면 우리의 삶이 상쾌해질 것이다.

글로벌 리더의 조건

강영우 박사가 강조하는 글로벌 리더로 성장시키는 일곱 가지 원동력이 있다.

자신감과 자존감 나를 지으신 이가 하나님이시다. 하나님은 나를 사랑하신다. 성공한 사람은 당당하고 자신감이 넘친다. 가장 나다운 것이 세계적인 것이다.

선명한 비전과 목표 성경을 읽으면서 선명한 뜻을 정하고 생생한 꿈을 꾸고 원대한 계획을 세워야 한다. 성경 속에서 감춰진 보석을 찾듯이 나를 향한 비전을 찾아야 한다.

긍정적인 마음 하나님은 감당치 못할 시험을 허락지 않고 합력해서 선을 이루기에 궁극적으로 긍정, 낭만, 진취, 발전으로 나가야 한다.

컴패션 측은지심, 긍휼사역, 불쌍히 여기는 마음이 아버지 하나님의 마음이다.

소통의 능력 소통, 유통, 필통의 사람이 되어야 된다. 사역의 절반은 커뮤니케이션이다.

끝까지 포기하지 않는 끈기 세상에 공짜는 없다. 쉬운 것도 없다. 강한 자가 이기는 것이 아니고 살아남은 자가 강하다.

창의력과 집중력 남다른 관심과 송곳같은 집중력과 도전정신, 개척정신, 모험정신, 창의력을 갖추면 미래에 쓰임 받는 좋은 지도자가 될 수 있다.

그거 잘하는 것 아닙니다

내 딴에는 열심히 하고 있는데 선배가 보더니 "너 그거 잘하는 거 아니데이"라고 했다. 잘못된 것을 열심히 하면 곤란하다. 급하다고 개념 없이 서두르면 더 일이 틀어진다. 무식한데 용감한 사람은 시한폭탄이다.

자기 건강에도 좋지 않고, 가정에도 유익하지 않고, 일터에도 도움이 안 되는 약간 습관적인 것들이 있는데 그것은 꼭 잘하는 것이라고 볼 수 없다. 사랑으로 생각하지만 상처가 되고 도와준다고 하지만 부담만 될 때가 있다. 공사다망하다가 공사 다 망한다. 가끔 멈추어서 묵상과 기도시간을 가져보라.

바쁠수록 기도해야 된다. 한 번씩 일상을 떠나 여행을 한다거나 전혀 다른 입장에서 자기를 돌아보면 내가 엉뚱한 일에 집착해서 허무한 전쟁을 하고 있는 것을 볼 수가 있다. 왜곡된 사고방식, 중독적인 습관, 상습적인 행동, 생각 없는 말투. 착각은 자유라지만 인생은 그렇게 흘러간다.

몸과 마음을, 영혼과 정신을, 일과 관계를 늘 새롭게 해서 리셋하자.

구닥다리 소리 듣기 전에. 변화의 주인공, 회개의 시간, 자기를 부인하는 데에 용기가 필요하다. 내가 지금 하는 일이 꼭 잘한다고는 볼 수 없다는 준엄한 자기부정의 회개 시간을 가지면 정답은 나올 것이다.

겨울나무

 겨울나무를 바라보고 있으면 내 마음도 빈 가지처럼 썰렁해진다. 그러나 겨울엔 성가신 모기나 파리도 없고, 날씨가 추우니 머리가 쨍하고 긴장감이 있어서 좋다. 겨울엔 나무가 자라지는 않지만 속으로 여물어진다. 앙상한 겨울가지는 가지를 꾸밀 줄도 모른다. 잎도 없는 가지를 가지고 맨몸으로 온 겨울을 버틴다. 찬바람을 맞으며, 함박눈을 받으면서.

 아름드리 나무둥치는 수십 년의 춘하추동을 그렇게 살아왔겠지. 말 한마디 없이 조롱조롱한 나뭇가지가 애처롭다. 겨울바람에 꺾어질까? 찬바람에 얼어 죽을까? 바울은 겨울 전에 어서 오라고 디모데에게 편지했다.

큰 겨울나무 가지에 까치집이 떡하니 자리 잡고 있다. 손끝하나 까딱 못하는 나뭇가지가 까치에게 집 자리도 제공하고, 추위에 떠는 참새에게 쉴 자리도 비워주고, 온 누리에 산소를 공급해 주니 고맙기만 하다. 시간이 흘러 봄소식이 오면 물길 따라, 꽃길 따라 겨울나무에도 새순이 돋고 청초한 이파리를 반짝거리며 새봄을 단장하겠지. 그러면 포도원가지에도 꽃이 피겠지. 이름 없이 피었다가 지는 꽃도 있겠지만, 시간이 지나면 향이 깊은 포도주가 탄생될 것이다.

10년 후 강산

남포동에 가면 "10년 후"라는 커피숍이 있었다. 젊은 청춘 남녀가 만나서 10년 후를 기약한다. 내일 일을 알 수 없는 격동의 세상에서 10년 후는 긴 세월이다. 변화무쌍한 현실 속에서 10년은 고사하고 내일 일도 알 수가 없다. 학생이 10년 뒤를 내다보고 지금 당장 하고 싶은 것을 10년 뒤로 연기하면 그 학생의 운명은 달라질 것이다.

   지금 좋은 것을 10년 뒤로 연기할 수 있는 것이 능력이다. 지금은 눈물로 씨를 뿌리지만 기쁨으로 거둘 날이 올 것이다. 현재의 고통은 장차

받을 영광과 족히 비교할 수 없다. 일만 시간의 법칙이 있다. 하루에 한 시간씩, 십 년만 지나면 그 분야의 달인이 될 것이다.

요셉은 보디발의 집에서 10년 동안 노예로서 생활을 했다. 그 기간이 애굽의 칠 년 대기근을 감당하는 리더십이 발생하여 숙성, 발효, 진국이 되는 필요 충분한 기간이었다.

나이가 많으신 어르신들은 향후 10년을 버틸 체력을 갖추어야 한다. 앞으로 10년을 버틸 수 있는 영향력 있는 삶의 요건을 구축해야 된다. 10년이면 강산이 변한다. 세월을 아끼고, 때를 분별하고, 때를 열어가고, 때를 채울 일이다.

관계지수를 올리자

실력은 있는데 표현을 못하는 사람이 있고 실력은 부족해도 표현력이 뛰어난 사람이 있다. 사랑은 표현을 해야 되고, 종은 울려야 된다. 말은 감칠나게 하고 맛있게, 멋있게, 고상하게, 부드럽게 하는 게 실력이다. 만나면 그냥 좋은 사람이 있고, 만날 때마다 부담스러운 사람이 있다. 그 사람만의 향기가 있다. 뒤끝이 좋고 여운이 남는 사람 말이다.

성경은 한 권이지만 은혜 받고 적용하는 것은 천차만별이다. 성경 속에서 내가 찾은 보석 같은 말씀을 나누고 전해보면 그 기쁨이 증폭된다. 구슬이 서 말이라도 꿰어야 보배다. 내가 믿는 예수님을 자랑하고 소개하고 전하는 것이 성도의 본분이다.

험한 세상에서 인간관계를 엮어가고 다리가 되어 서로를 연결해 주는 사람이 좋은 사람이다. 중매쟁이, 촉매역할, 친환경, 융합형의 사람이 필요하다. 말 한마디가 천 냥 빚을 갚는다. 사람 소개가 최고의 선물이다. 독불장군 소용없다. 본인은 힘들고 귀찮지만 남들과 어울리고 조화롭고 대화 가능한 사람이 그립다.

병은 절반이 마음에서 생기고, 관계에서 80%는 생긴다고 한다. 스펙을 쌓기보다는 적응력, 친화력을 길러야 한다.

사이에서

사업에서 틈새시장을 노리는 것이 중요하다. 모든 것은 차별화, 특성화, 전문화, 개별화를 이루어야 된다. 일을 할 때에 간격을 조절하는 것이 필요하다. 총론과 각론 사이, 집중과 확산 사이, 긴장과 이완 사이, 모임과 흩어짐 사이, 스케일과 디테일 사이, 빠름과 느림 사이, 사람과 사람 사이.

이 사이를 메울 수 있는 연결형, 융화형, 친화형, 소통형인 중간 다리 역할을 하는 사람이 필요하다. 모두가 주인공일 필요는 없다. 주연과 조연 사이에서 감초역할을 하는 사람이 중요하다. 개인주의와 집단이기주의가 팽배한 요즈음 자기를 포기하고 타인을 배려하고 자기 고집을 내려놓고 타인의 소리를 경청할 줄 아는 열린 귀를 가지고 열린 마음을 가진 사람이 필요하다.

  빛과 소금은 자기희생을 통해서 역할을 한다. 촛대가 녹아내리면서 빛을 발하고 소금이 자기 형체도 없이 자기 해체가 될 때 맛을 낸다. 한 알의 밀알은 땅에 떨어져 썩을 때에 열매가 맺히게 된다. 크리스천은 어두운 세상의 빛이고 썩어빠진 세상의 소금이다. 기쁨으로 자기희생을 감당하고 작은 역할을 자족하는 그런 사람이 아쉽다.

사람, 사람, 사람

대중가요에 가사 중에 "나는 뭘 좀 아는 놈 뛰는 놈 그 위에 나는 놈"이라는 부분이 있다. 영화 중에 "좋은 놈, 나쁜 놈, 이상한 놈"이 있다.

결국 사람이 문제이다. 세상에는 참 여러 부류의 사람들이 있다. 다시 만나고 싶은 사람, 생각만 해도 끔찍한 사람, 향기로운 사람, 만날수록 진국처럼 깊이가 있는 사람, 평생의 악연이 되는 사람이 있다. 한번뿐인 인생에서 나를 만나는 사람에게 좋은 사람, 필요한 사람, 멋있는 사람으로 남아야겠다. 농사 중에 사람농사가 제일 어렵다고 하지 하지 않는가? 한 사람이 인재가 되고, 유익한 사람이 되고, 영향력을 미치는 사람이 되기까지는 누군가가 해산하는 고통을 치러야 한다. 올림픽에서 한 명의 메달리스트가 탄생하기까지는 많은 지원과 지도자들, 세월, 땀과 눈물이 필요하다.

내가 어떤 사람이 되어야 할 것인가는 나에게 달려있다. 좋은 사람이 되고자 하는 열망을 가지고 배우고 익히는 과정을 통해서 서서히 좋은 사람이 되어가는 것이다. 남의 피를 빨아먹는 거머리 같은 인간이 되지 말고, 거미줄을 쳐놓고 다른 것을 잡아먹는 인간이 아니라, 이솝우화의 베짱이처럼 여름철 놀기만 하다가 겨울에 후회하는 인간이 아니라, 꿀벌처럼 열심히 일하고, 많은 꽃들을 수정해주며, 달콤한 꿀을 남기는 꿀벌 같은 존재가 되어야 된다.

들불처럼

마른 땅에 강풍이 불고 들불이 번질 때는 걷잡을 수가 없다. 요원의 불길처럼 퍼져간다. 들불이 퍼지는 것처럼 신앙인의 영향력도 이렇게 번져나가야 한다.

사람은 '처음처럼' 순수성을 유지하는 것이 필요하다. '잡초처럼' 근성을 가지고 적응력을 키워야 된다. 끈질김이 있어야 된다. '새털처럼' 가볍고 자유로워야 된다. '들불처럼' 야성을 가지고 꿋꿋하게 자라야 된다. 들불처럼 사방팔방으로 선한 영향력을 미쳐야 된다.

들불이 퍼져 나갈 때는 세 가지가 필요하다. 첫째, 불씨가 있어야 되고, 둘째, 바람이 불어야 되고, 셋째, 땅이 건조해야 한다. 성령은 불처럼 임한다고 했으니 오직 성령이 임하시면 권능을 받는다. 성도는 불을 받아야 된다. 불을 받고 불씨를 꺼뜨려서는 안 된다. 성령을 훼방하지 말고, 근심케 하지 말고, 소멸치 말아야 된다. 불씨를 키우라. 발바닥에 불이 나도록 전도하려 뛰어다녀 보라. 바람이 없으면 바람개비를 입에 물고 뛰어 보라. 그리고 바람을 타라. 그래도 바람이 없으면, 깃발을 높이 쳐들어라. 풍향이 보일 것이다. 생기의 바람, 성령의 바람이 불어오면 에스겔 골짜기의 마른 뼈들이 하나님의 군대가 된다.

이 시대의 모든 것이 메마른 시대이다. 갈급한 시대이다. 바람이 불면 촛불은 꺼지지만 숯불은 살아난다.

연합하지 말라

사람은 독불장군처럼 혼자서 살아갈 수가 없다. 그래서 "뭉치면 살고, 흩어지면 죽는다"고도 말한다. 연합하며 하나가 된다는 것은 아름다운 일이다. 그런데 연합집회를 다녀보면 이상한 현상을 보게 된다. 연합집회에서 오히려 연합이 되지 않는 경우가 있다. 모이면 부딪치고 갈등하기 쉽다. 연합으로 모일 때에 사람들은 더 이기적인 모습을 나타내고 연합이라는 미명하에 더 각개전투의 모습을 보게 된다. 연합한다는 것이 얼마나 어려운가! 자기 앞가림도 못하면서 연합한다는 것은 어불성설이다. 연합한다고 하면서 무관심하고, 무책임하고, 협조가 되지 않을 때의 연합은 공치사가 되고 만다. 허울 좋은 연합이 아니라 최소한 자기 위치를 지키고 자기책임을 다하는 자세가 필요하다. 마음과 뜻과 행동이 하나되기 전에는 연합을 쉽게 논하지 말라. 착한 사람은 무능하기 쉽고 나쁜 사람은 영악한 자이기 쉽다.

연합을 외치는 사람은 오히려 자기 정체성을 잃어버리고 자기 스타일을 놓쳐버리기가 쉽다. 성경 역사에도 숫자 많은 것을 의지할 때 하나님은 진노하셨다. 악한 자들은 피차 손을 잡을지라도 망한다. 연합이라는 이름 아래 산만하고, 복잡하고, 이기적이고, 미숙한 자들의 서툰 것이 모일 때는 더 큰 혼란이 온다. 과시적인 규모를 자랑하기 전에 작지만 알차게!!

맞춤형 은혜

봄철에는 도다리쑥국이 좋다. 새 봄에 막 돋아난 쑥을 캐어서 바다에서 나온 도다리와 국을 끓이면 춘곤기를 무사히 넘길 수 있었다. 가난한 시절에 부족한 영양도 채워주었다. 무엇이든지 잘 어울리는 짝이 있다. 옷을 입을 때도 자기 몸에 맞지 않는 옷을 입으면 얼마나 불편한지 모른다.

음식에도 궁합이 있다. 돼지고기는 새우젓과 먹어야 하고, 춘천막국수는 무청과 궁합이 맞다고 한다. 사람이 병에 걸려도 자기 몸을 족집게같이 잘 아는 명의를 만나거나 내 병에 맞는 약을 만나면 낫는다.

전도도 맞춤형 전도가 있다. 아파트 전도, 상가 전도, 지하철 전도, 축호 전도, 커피 전도, 운동 전도, 문서 전도, 병원 전도, 찬양 전도, 미용 전도, 찌짐 전도 등 다양한 전도방법이 있는데 그 중에서 자기에게 맞는 전도방식을 찾는 것이 중요하다. 맞춤형 전도는 재미있고, 편하고, 쉽고, 열매가 생긴다.

하나님은 덮어놓고 복을 주시지 않고 맞춤형 복을 주신다. 나의 하나님이 나의 가는 길을 아시고, 나의 체질을 아시고, 맞춤형의 복을 주신다. 합력해서 선을 이루시고, 좋은 것으로 만족케 하시며, 성령으로 충만케 해 주신다.

차든지 뜨겁든지 하라

모든 것은 흐름이 있고 주기가 있다. 계절은 춘하추동이 있다. 만물이 약동하는 봄철이 있고, 무성한 여름과 풍성한 가을이 있고, 찬바람이 부는 겨울이 있다. 사랑에도 주기가 있어서 열정과 냉정의 때가 있다. 신앙생활에도 은혜의 때와 시험의 시기가 있다.

믿음생활이 갈등과 비판 가운데 까칠해져서 염증이 생기고 여러 가지 시험이 온다. 악성 바이러스가 침투하여 염증과 질병을 일으킨다. 싸우다가 지쳐서 마음에 엔진이 꺼지고 사람이 차가워져서 냉소주의에 빠진다. 신앙의 첫사랑은 식고 구원의 감격은 사라져서 형식화, 제도화, 화석화 되어 신앙생활이 매너리즘에 빠지고 만다.

라오디게아 교회는 미지근하여 토할 지경이 되니 차든지 뜨겁든지 하라고 했다. 라오디게아 북쪽의 물은 온천수라서 뜨겁지만 라오디게아까지 수송하는 동안 식어버려서 남쪽에 도달하면 차갑기만 하다. 믿음은 반응이 있어야 된다. 믿음이 어디서 떨어졌는지 돌아보고 회개하라, 반응하라, 응답하라, 미동하라, 사서하라, 열심을 내라, 문을 열어라, 들을지어다. 피리를 불어도 춤추지 않는 세대이다. 성령이 교회들에게 하시는 말씀을 새겨듣고 힘차게 일어나 건너가자.

신앙생활에서 가장 나쁜 것은 가만히 있는 것이다.

교육효과

K-POP STAR 우승자인 악동뮤지션의 부모는 몽골선교사인 이성근 목사이다. 이 목사님의 자녀들을 홈스쿨링 하다가 한계를 느끼고 벽에 부딪치게 되었다고 한다. 그때 기도하다가 깨달은 것은 주님은 한분이시고 참된 선생님은 예수님 밖에 없다는 사실이었다. '가르치는 분은 예수님인데 내가 왜 지적하고 판단하고 가르치려고 할까'라는 깨달음을 갖고 그때부터 아이들을 주님께 맡기고 자유롭게 했다고 한다. 아이들도 음악을 즐거워하고 스스로 열정을 가지고 도전하게 되었

다. 교육은 욕심을 가지고 강요한다고 되는 것이 아니다. 공감과 감동이 있을 때 비로소 사람이 움직이기 시작한다.

악동뮤지션은 정규교육을 다 받지 못했다. 몽골벌판에서 자유롭게 뛰어 놀다가 하나님께서 주신 달란트를 찾았고, 재미있게 즐기다 보니 의미도 발견하게 되었다. 하나님이 주신 재능으로 즐겁게 노래하다가 상금도 3억을 받았다. 그야말로 부수적인 축복을 누리게 된 것이다. 교육효과는 강요나 부담이 아니라 내면의 잠자는 은사를 깨우쳐서 불일 듯 하게 하는 것이다. 우리에게 주어진 현실에 최선을 다하고 말씀과 기도에 전무하다보면 그때마다 주께서 길을 인도하실 것이다.

로마도 보아야 하리라

모든 길은 로마로 통한다. 로마에 가면 로마법을 따라야 된다. 그런데 주변을 보면 개성이 너무 강하다.

사람들은 각자 자기 스타일을 고집하며 자기방식대로 살아가려고 한다. 누구든지 약간은 이기적이며 자기중심적이다. 그러니 오해와 갈등, 분쟁이 끝이 없다. 그것이 심해지면 집단이기주의가 생기고 자기만의 로마를 강조하다 보니 모든 것이 답답해지고 불통하니 불행하고, 소통이 안 되니 고통이 온다.

독신으로 살았던 바울이지만 믿음으로 자녀들을 낳았고, 바울의 선교여행 길에는 수많은 동역자들이 함께 했다. 가는 곳마다 엄청난 반대와 수많은 핍박을 받으면서도 거침없이 로마를 향하여 나아갔다. 예수님처럼 여러 지역을 두루 다니고 각색 병을 고치고 천국복음을 전파했으니 바울의 발걸음이 닿는 곳마다 교회가 세워지고 성도들이 일어났다. 바울의 비전은 로마까지였다.

신앙세계는 자기의 한계를 벗어나서 주님 기뻐하시는 곳까지 나아가야 된다. 평소에 언행심사가 쌓여서 인격이 된다. 일상의 말씀과 기도와 전도와 사귐이 마일리지를 이루어 때가 차면 성품을, 작품을 만들어 낸다. 사도 바울이 로마에 서기까지 많은 일들이 있었듯이 우리의 시대에도 갈등과 고통을 지나서 로마까지 도달해야 된다.

이열치열

날씨가 더워지면 무더위가 기승을 부려서 꼼짝하기가 싫다. 움직이면 땀이 나고 괜히 짜증을 내게 된다. 옛 사람들은 왜 더울 때 뜨거운 음식을 먹었을까? 여기엔 더위는 더운 음식으로 이기라는 지혜가 들어있는 것 같다.

신앙생활의 제일 나쁜 것은 가만히 있는 것이다. 욕을 얻어먹을까봐 시험에 들까봐 가만히 있으면 점점 무기력해지고 가라앉게 될 것이다. 시동 꺼진 자동차, 머리카락 잘린 삼손, 에스겔 골짜기의 마른 뼈, 장자권을 빼앗긴 에서와 같이 아웃된 상태는 곤란하다. 병이 생기면 입맛을 상실하는 것이 큰 어려움이듯이 잃어버린 성장 동력을 회복하는 것이 중요하다. 핵심 동력을 찾아서 신성장 동력으로 만들어서 시동을 걸어 재점화를 하고, 가속페달을 밟아서 맞춤형 속도를 유지하는 것이 필요하다. 탄력적인 생활, 사역의 가속도가 필요하다.

무조건 쉬고 피하고 그만둘 일이 아니다. 일은 할 때 하는 것이고 될 때 되는 것이다. 메뚜기도 한철이고, 날씨가 무더울 때 곡식이 가장 왕성하게 성장한다. 신앙생활에도 은혜 위에 은혜가 있고, 열심이 특심이 있고, 갑절의 영감이 있고, 칠 배의 권능, 백 배의 결실, 천 대까지 축복이 있다. 영혼이 잘됨같이 범사에 잘 되고, 강건한 선순환의 삶이 되어야지 가난할 때에, 아프고 병들 때에 시험에 드는 악순환의 삶이 되지 않아야 된다.

밀당신앙

인간관계가 좋은 사람은 밀고 당기기를 잘한다. 피부도 탄력이 있고 탱탱할 때가 좋다. 적당한 긴장감은 오히려 유익하다.

신앙생활에서도 밀당이 있다. 아담과 하와는 에덴동산에서 숨바꼭질을 하였다. 요나도 하나님을 피하여 도망을 다녔다. 여호수아는 좌로나 우로나 치우치지 말라고 부탁을 받았다. 다윗은 눈물 병이 찰 때까지 고난과 눈물이 있었다. 야곱은 얍복 강에서 큰 씨름을 하였다. 아굴은 "가난하게도 마옵시고 부하게도 마옵소서"라고 하였다. 히

스기야는 좋은 일도 있었고, 나쁜 일도 있었지만 살아 생전에 주신 복을 감사하였다. 바울은 아시아에서 복음을 전할 때 성령님께서 막으셨다. 그리고는 마케도니아로 가는 길을 여셨다. 요셉은 본인의 생각과는 상관없는 엄청난 고난을 당하며 때가 차기까지 때를 빼는 시간으로 보디발의 집에서만 10년 고생을 채웠다. 모세는 미디안 광야에서만 40년을 허송하고 소명을 받았다. 이사야는 하나님의 부르심을 듣고 "내가 여기 있나이다 나를 보내소서" 하였다.

    결국 하나님께 항복하는 것이 행복해지는 것이다. 내려놓을 때 자유가 온다. 지는 게 이기는 것이다. 포기가 축복이다. 그래서 기도보다 앞서지 말고 순종하는 것이 아름다운 것이다. 하나님은 고난과 축복을 겸하여 주신다. 주시기도 하고 취하시기도 하는 밀당의 최고이시다.

보호막

필리핀의 김자선 선교사는 꽃처녀 시절에 헌신해서 할머니가 되기까지 27개의 교회를 세우고, 15개의 기도처소를 만들고 6천 명의 성도를 세웠다. 그런데 그동안 선교현장을 쉽게 오픈하지 않았다고 한다. 총회장이 연락을 해와도 쉽게 열지 않았다. 제대로 성장하기도 전에 잘못된 신학과 이상한 학습이 되면 그 폐해가 심각하기 때문이란다. 필리핀에서 성장시킨 청년들과 함께 한국에 왔는데 교수, 치과의사, 간호사 등 너무나 반듯하게 길러냈다.

아기가 어릴 때는 부모의 전적인 보호가 필요하다. 자생력이 생기기 전에 함부로 문을 열일이 아니다. 학원에 아이를 맡기기 전에 부모 슬하에서 모든 것이 형성이 되기 때문에 어릴 때 가정교육이 너무나 중요하다. 하나님은 생명싸개로 우리를 보호해 주신다.

병아리를 키울 때 손을 많이 타면 병아리가 죽는다. 출입이 잦으면 학문이 거칠어질 수밖에 없다. 아무데나 마음을 흘리고 다니지 말아야 한다. 물은 아무리 막아도 고이고 차면 마침내 흘러넘친다. 같은 뜻을 가지고 같은 마음을 가지고 같은 말을 하는 같은 영성의 소유자들과 만나면 상승효과가 나타나지만 쌩나팔이 되면 곤란해진다. 사람은 방치해서 함부로 내버려 둘 존재가 아니라 사랑의 보호막을 필요로 하는 존재이다.

유통기한

세상의 모든 것이 때와 기한이 있다. 약품도 유효기간이 지나면 독이 된다. 화장품도 유효기간이 지난 것을 사용하면 부작용이 생긴다. 하나님의 뜻을 아는 것도 중요하지만 하나님의 때를 놓치지 말아야 된다. 천년만년 살 것 같지만 모든 것은 한계가 있다. 음식물도 날씨가 더울 때에는 유통기한이 더 짧다. 종말론적인 생각을 하고 살아야 되는 이유가 오늘이 마지막일 수 있다는 사실이다. 앞일은 불안하지만 뒷일은 아쉽다. 인생은 NG가 용납되지 않는 생방송이다. 하나님이 부르시면 언제라도 떠날 수밖에 없는 것이 인생이다.

"있을 때 잘해 후회하지 말고 있을 때 잘해 흔들리지 말고"라는 유행가가 있지 않는가? 신앙도 냉탕과 온탕을 오고가는 흐름이 있다. 성령 충만하지 않은 것이 죄다. 열정이 식어지지 않도록 성령의 충만함이 지속되도록 깨어서 기도하고 주야로 말씀을 묵상해야 된다. 고통의 때는 감해주시고, 피할 길은 열어주시고, 은혜의 때는 길어지도록······.

물꼬→흐름→조류

사람 몸에도 생리적인 리듬이 있고, 시대에도 조류가 있고, 어떤 공동체이든지 독특한 흐름이 있다. 무엇이든지 흘러가는 기류가 있고 대세가 있다. 누군가가 깃발을 들고 시작을 하면 복의 근원이 되며, 작은 흐름이 큰 강을 이루고 이 흐름이 많은 것을 휩쓸고 지나간다. 흐름을 파악하는 것이 지혜이고, 흐름을 한발 앞서서 선도해 주고 논둑이 터지지 않게 물꼬를 틔워주는 것이 리더십이다. 땅의 물이 수증기가 되어 하늘로 올라 구름 떼를 이루고 때를 따라 이른 비와 늦은 비로 내려와 물댄 동산을 이루고 그 중에서 다시 마중물이 나온다.

물꼬를 틔우고 물 흐름을 새롭게 해야 된다. 물이 바다 덮음같이 작은 물방울이 도랑을 만들고 샛강이 큰 강을 이룬다. 깊은 강은 소리 없이 흐른다. 주께서 물 쏟듯이 은혜를 베푸실 때에 흐름을 막지 말라. 은혜를 거스리는 자가 되지 말라.

세상 풍조는 펄떡거리는 물고기처럼 역류하되, 성령이 부어주시는 은혜의 강가에서는 두려워 말고 담대히 나아가라. 이 세상을 주의 영광으로 휘몰아 덮자!

밀어내기 작전

과거에 머물지 말라. 옛적이 좋았다고 말하지 말라. 후회형의 신앙생활을 하지 말고 개척과 개혁과 앞을 향한 삶을 살자. 진보가 없으면 퇴보다. 손톱 밑의 상처도 새살이 돋아나면 밀려나간다. 우울증은 이기려고 하지 말고 행복감과 추억과 간증거리를 쌓으면 밀려나간다. 죄를 짓지 않기 위해 애쓰는 것보다도 성령 충만함을 유지하고 영적으로 신바람 나게 살아가는 것이 중요하다.

 날씨도 겨울이 지나면 봄이 온다. 얼음은 풀리고 새싹이 돋아난다. 변화가 없다는 것은 그동안 발전과 깨달음과 각성이 없었다는 얘기다. 회복이 되지 않으면 피로가 쌓이고 문제가 복합, 중첩된다. 어린아이도 새로운 선물을 주면 헌 것은 버린다. 결혼은 부모를 떠나면서 시작되는 것이다. 떠나라, 버리라, 날마다 아침마다 새로워지라. 성도는 창의적이며, 모험적이며, 도전적으로 살아가야 한다. 창조주 하나님을 믿고 믿음으로 살아가는 사람은 뒤의 것은 잃어버리고 앞을 향해 나아간다. 날마다 아침마다 새 힘을 주시는 하나님이 오늘도 얼마든지 새롭게 하실 것이다. 보라, 새것이 되었도다. 보라, 새 일을 행하리라.

물 근원을 맑게

윗물이 맑아야 아랫물이 맑다. 수자원을 보호하고 식수지 관리, 상수원을 보호하기 위해서 물 전쟁이다. 하늘 문이 열려야 은혜의 단비가 내리고 물 댄 동산을 이룬다. 쉬리, 송어, 다슬기는 일급수에서만 산다. 물이 오염되면 어패류와 동식물이 사라진다. 좋은 물을 마셔야 건강해진다. 물이 좋다는 것은 환경과 문화가 좋다는 것이다. 영적인 것도 마찬가지이다. 영적인 환경이 탁해지면 삶의 질이 떨어질 수밖에 없다.

아브라함은 복의 근원이 되는 축복을 받았다.

혈루병 여인은 예수님께서 혈루의 근원을 고쳐주셨다. 윗물은 더러워도 아랫물을 맑게 해야 한다. 아랫물이 윗물이 된다. 땅에 물이 있어야 하늘에서 비가 내린다. 땅에서 흘린 부모님의 눈물의 기도가 자식을 키운다. 눈물로 키운 자녀가 망하는 법이 없다.

> ……그들은 도리어 나를 대적하니 나는 기도할 뿐이라. 시 109:4

우리는 보혈을 지나 아버지 품으로 간다. 유월절 어린양 피는 우리를 정결케 한다.

나

우리가 기도할 때에 세상을 바꾸고 환경을 변화시키려고 하면 답답하다. 세상이 바뀌는 것보다도 우리 가정이 변하는 게 쉽고, 가정이 바뀌는 것보다도 배우자가 바뀌는 것이 쉽고, 배우자가 바뀌는 것을 바라기보다 내가 변화되는 것이 빠르다.

 자기 적용이 없는 성경공부는 지식자랑이요, 궤변이다. 말씀을 들을 때 내게 주시는 말씀으로 들어야 된다. 말씀을 듣고 적용을 안하면 여성이 임신 후에 유산하는 것과 같은 애석함이 있다. 남을 비판하기보다 자신을 돌아보는 것이 지혜이고 겸손이다. 세상이 다 복을 받아도 내가 망하면 무슨 소용이 있겠는가? 사람들은 남의 눈의 티는 보면서 자기 눈의 들보는 보지 못한다. 하나님은 우주 만물을 통치하시면서 나의 하나님이 되시며, 나의 주님이 되셔서 내 문제에 간섭하시고, 주관하신다. 개인적으로 은혜를 받을 때 말씀이 약이 되고 복이 되고 답이 된다.

현대인들의 생활은 자기 상실의 삶을 살아가는 시대이다. 자기만 사랑하는 것은 이기적이지만 하나님께서 창조하신 자기를 사랑하는 것은 좋은 일이다. 나의 하나님을 만나고 나를 통해 하나님의 뜻을 실현하고 내 몸과 같이 이웃을 사랑하자.

KTX 사랑

고속열차는 왜 빠르고 안전하게 갈까? 레일이 일정한 거리를 유지하며 출발지나 종착역까지 한결같기 때문이다. 안전운행은 거리유지가 필수적이다. 건강한 인간관계는 거리유지가 관건이다. 마주보는 열차는 충돌이 불가피하지만 같은 방향을 향해 달리는 열차레일은 한결같다.

 너무 좋다고 가까이 하지 말고 너무 싫다고 멀리하지 말라. 병아리가 귀엽다고 자주 만지면 빨리 죽는다. 사랑이 증오로, 관심이 미움으로 바뀌기 전에 거리유지를 잘하라. 가까이 하기엔 너무면 당신이 차라리 편안하다. 안전거리 유지, 적정 속도 유지, 적당온도 지속, 베스트 컨디션 유지가 중요하다. 어제나 오늘이나 한결같은 사랑으로.

북극의 고슴도치는 가까이 하면 가시에 찔려서 아프고, 멀리하면 추워서 얼어 죽는다고 한다.

태양은 가까이 하면 뜨거워서 타서 죽고, 멀리 하면 얼어서 동사한다. 거리 유지가 중요하다. 좌로나 우로나 치우치지 말고, 기차 레일처럼.

선점 효과

빌게이츠는 생각의 속도가 중요하다고 했다. 무슨 일을 하든지 미리 준비하는 것이 좋다. 매도 먼저 맞는 것이 좋다고 하지 않는가. 칭기즈칸의 몽골제국은 속도에서 우위를 점하고 있었다. 운동경기에서도 기선을 제압하는 것이 중요하다. 몽골이 상상을 초월하는 대제국을 일으키고 150년 동안이나 유지할 수 있었던 배경은 기동력의 압도적 경쟁우위를 확보하고 있었기 때문이다. 초원에서 어릴 때부터 말과 함께 살아온 기마병들은 이동속도가 타의 추종을 불허하는 수준이었다. 속도의 우위를 확보하는 일은 분초를 다투는 정보통신 시대에 대단히 중요하다.

칭기즈칸 군대는 초창기에 10만 명에 불과했고 백성은 100만 명에 그쳤지만 세계 최고의 제국을 건설했다. 아브라함도 시험받을 때 아침에 일찍 순종했고 다섯 달란트 받은 자도 바로 순종했다. 무엇이든지 미리 준비하고 착수해서 선점효과를 빼앗기지 말아야 된다. 게으르고 미루고 연기하는 것은 가장 현대적인 죄악이기 때문이다.

예측 사역, 예방 의학, 선제 경영, 매도 먼저 맞는 것이 낫다고 한다.

마음의 소리 듣기

사람들은 새로운 뉴스에 목마르다. 정보화 시대 급변하는 세상 속에서 수많은 소리가 들려온다. 모르면 왕따 당하기 쉽고 이것저것 알고 듣자니 몸이 열 개라도 모자란다. 홍수 때에 마실 물이 귀하듯이 뉴스는 많은데, 참된 소식은 귀하다. 거리에 나서면 거의 소음공해 수준의 소리가 많다. 집에 와서도 TV, 인터넷, 휴대폰으로부터 자유롭지 못하다.

혼란과 혼돈의 시대에 소리를 구분하는 지혜가 필요하다. 외부소리에 내 마음이 끌려 다니지 말고 중심을 잡아야 한다. 밖에서 답을 찾기보다 내 속에서 울려나오는 진솔한 소리를 들어야 한다. 세미한 주님의 소리를 듣자. 그래서 소리에서 자유하고 고요와 평강을 누리자. 잡다한 소리에 정신이 분열되고 무엇을 들어야 하는지 혼란할 때일수록 내면의 깊은 곳에서 들려오는 양심의 소리, 주님의 세미한 음성을 들으면 길이 되고 등불이 된다.

균형 잡기

균형(均衡)
[명사] 어느 한쪽으로 기울거나
치우치지 아니하고 고른 상태.

자기 한계

성공한 사람은 하면 된다는 자신감과 해야 된다는 책임감이 투철한 사람이다. 악하고 게으른 사람은 할 수 있는데도 하지 않는 사람이다. 지혜로운 사람은 자신의 출입과 진퇴의 시기를 아는 사람이다.

균형이 있는 사람은 스케일과 디테일이 공존하는 사람이다. 성숙한 사람은 열정과 냉정 사이에서 균형을 잡을 줄 아는 사람이다. 자기를 돌아볼 때마다 자신감과 교만이 종이 한 장 차이요, 동전의 양면과 같다. 겸손과 비굴함도 공통분모가 있다.

더도 말고 덜도 말고 중용의 덕을 갖추고 이상과 현실 속에서 자신을 잃지 않는 자가 실력자이다. 살아가면서 문득 '내 수준이 여기까지인가?' 하면서 한계를 느끼고 성공과 실패, 부자와 가난 사이에서 중심을 잃고 휘청거린다.

주님! 지혜를 주셔서 날마다 일마다 회개와 부흥을 체험하게 하옵소서. 인간적인 사람이 아니라 하나님의 사람이 되게 하소서.

중심잡기

건강한 사람은 균형 감각이 있다. 멋있는 사람은 어디에 있든지 조화를 이룬다. 현대인들의 삶은 너무 분주하고 정신을 차릴 수 없을 만큼 복잡, 다양한 것이 문제이다. 분주함 가운데서 차분하고, 혼란함 가운데서 질서가 있고, 복잡함 가운데서 단순해야 된다.

하나님은 우주만물을 창조, 섭리, 주관하시지만 한 사람의 필요와 눈물을 멸시하지 않으신다. 하나님의 주권을 신뢰하면서도 현실에서 내가 할 일은 최선을 다해야 된다. 하나님을 향한 믿음과 타인을 향한 여유로운 자세와 자신을 향한 하나님의 사랑받는 자로서의 자긍심이 있어야 된다.

현대인들은 너무나 다양하고 빠른 사회생활을 하다보니까 정신을 놓아버리기 쉽고, 중심을 놓치기가 쉽다. 진리를 향한 까칠함과 타인을 향한 부드러움이 공존할 수 있다. 자신을 향해 엄격하면서도 타인을 향해 너그러워야 된다. 성령의 은사보다 성령의 열매를 자랑하자. 일을 할 때는 매사에 철두철미하지만 사랑과 관용을 잃어버리지 말아야 된다. 그래서 신앙생활은 하나님 중심, 성경 중심, 교회 중심으로 중심을 잘 잡아야 된다. 그러할 때에 조화와 균형과 안정이 온다.

연약함, 그 은혜의 자리

사람들은 자주 한계를 느끼며 살아간다. 나의 부족함과 연약함 때문에 스스로 생각해도 한심할 때가 있다. 할 일은 크고 많은데 내 미련함과 부족한 모습이 사정없이 나를 우울하게 만든다. 연약은 우리를 얼마나 힘들게 만드는가? 열등감에 빠져서 한없이 주저앉게 된다. 그런데 성경은 우리의 부족과 허물을 예수님이 친히 담당하셨다고 한다.

우리가 연약할 때 그리스도의 능력이 온전히 나타난다. 성도에게 연약은 열등감의 요소가 아니라 더욱 주님께 무릎 꿇게 만드는 겸손의 자리요. 상한 갈대를 꺾지 않고 졸지도 주무시지도 않고 지켜 주시는 하나님의 은혜의 통로가 된다. 예수 안에서 약점이 강점이 되고 쑥떡 같은 일도 찰떡같은 일이 된다. 약점을 부끄러워하지 말고 오히려 약점으로 승부하라.

내가 주께 돌아감이
부흥의 시작이다

열심히 뛰다보면 저만치 멀어져 있는 나를 발견한다. 앞만 보고 달렸는 데도 어찌 그리 갈 지(之)자로 걸었는지. 앞길에 대한 소망은 빵실하나 뒤돌아보면 늘 부끄러운 것 뿐이다. 혼자서 뭔가를 위해 버둥거릴수록 아버지와는 거리가 멀어지기 십상이다. 전봇대는 그 자리에 있는데도 내가 탄 차가 멀어지는 착시 현상이 일어난다.

　이스라엘 백성은 늘 하나님을 떠나갔다. 애굽에서 앗수르, 바벨론, 헬라, 로마까지. 주를 떠날

수록 방황이고 주께 돌아갈수록 자유와 평안이 온다. 우리가 주를 떠나서는 아무것도 할 수 없다. 포도나무 가지는 줄기에 가만히 붙어만 있으면 된다. 날마다 주께로 돌아가자. 아버지 하나님께 돌아가는 것이 회개다. 내가 주께로 돌아감이 부흥의 시작이다.

역설의 교훈

위기의 순간이 기회의 때이며, 답답한 문제 속에 답이 있고 고난 속에 축복이 있고, 고난 뒤에 부활이 있다. 역설 속에 진리가 있고, 의심 뒤에 확신이 있고, 현장에서 야성이 생기고, 막장에서 역전의 하나님을 만난다. 벼랑 끝에서 바람을 타고 기도의 골방에서 기적을 만난다. 눈물 속에 위로가 있고, 피 흘림 때문에 속죄함이 있고, 한숨 속에 오기가 들어있다. 욕심을 내려놓을 때 자유가 오고, 정욕을 버릴 때 건강이 오고, 포기할 때 새로운 출발을 만난다. 죽고자 하면 살고, 살고자 하면 죽는다. 죄악이 있는 곳에 은혜가 넘친다.

자빠진 김에 쉬어간다. 무리 속에 집중이 있고 다수가 아니라 창조적 소수가 일을 한다. 죄인이 많아서 망하는 것이 아니라 의인이 적어서 망한다. 고집 속에 주관이 있고 예민함 속에 감각이 민첩해지고 산만함 속에 창의성이 있다. 까다로움 때문에 생각이 깊어진다. 하나님은 약점을 강점으로 쓰신다.

하나님 힘내세요

어떤 어린아이가 일기장에 기록한 것이다. "하나님 아버지 얼마나 피곤하세요. 제가 도와 드릴게요. 힘내세요." 어린아이로서는 하나님 아버지를 도와 드리겠다는 것이다. 우리 하나님은 인생의 도움이 필요 없는 홀로 하나이신 스스로 계신 분이시지만 어린아이는 하나님을 도와주고 싶은 마음이 가득했던 것이다.

"아빠 힘내세요. 우리가 있잖아요." 이 시대는 아빠들이 힘겨운 시대다. 무한경쟁과 광속시대를 살아가면서 가장의 자리를 잃고 방황하는 사람들이 많다. 아버지를 가까이 하고 아버지와 친밀하자. 아빠의 기를 살리고 아버지를 기분 좋게 하자. 아빠의 마음을 편하게 하고 아빠를 시원하게 해 드리자. 하늘에 계신 우리 아버지 하나님은 육신의 아빠처럼 인격적으로 영광을 받으시고, 은혜와 사랑을 베풀어 주시기를 원하신다. 모든 관계의 근원이 되시는 하나님 아버지와 편안하고 익숙하고 따뜻한 관계를 유지하자.

바람개비

어떤 경제인이 바람개비론을 외쳤다. 바람개비는 바람이 불어야 돌아간다. 바람이 없을 때는 바람개비를 들고 뛰면 바람개비가 돌아간다. 경기가 안 좋다, 살기가 힘들다, 부흥이 안 된다고 하지 말고 내가 앞으로 뛰어나가면 바람개비가 돌아간다. 그래서 가만히 있는 자가 제일 나쁜 사람이다. 악하고 게으른 종은 주님께서도 책망하신다.

  구르는 돌은 이끼가 끼지 않는다. 하나님은 자원하는 심령을 기뻐하신다. 계란도 스스로 깨어 나올 때 병아리가 된다.

하늘은 스스로 돕는 자를 돕는다. 믿음이 없이는 하나님을 기쁘시게 할 수 없다. 하나님께 나아가는 자는 그가 계신 것과 자기를 찾는 자들에게 상주시는 이심을 믿어야 한다. 애를 써야 애가 나온다. 파도를 일으킬 수는 없지만 파도를 탈 수는 있다. 부흥을 일으킬 수는 없지만 부흥을 경험하고 부흥의 주인공은 될 수 있다. 부흥의 바람이 불어올 때에 바람을 타자. 바람은 촛불은 끄지만 숯불은 살린다.

시간, 세월, 역사

순간들이 모여서 시간을 이루고, 시간이 흘러서 세월이 되고, 세월 속에서 역사가 만들어진다. 반복되는 일상 속에서도 권태를 느끼고, 사소한 일이 역사적인 사건이 되기도 한다. 분초를 다투는 현장에서 시간 싸움이 경쟁이고, 새벽을 깨우는 일이 영성이다. 아침이 즐거운 사람이 행복한 사람이다. 바쁨 중에 여유가 멋있고, 여유 중에도 일의 맥을 놓치지 않는 것이 실력이다. 하루가 쌓여서 세월이 되는데, 세월을 아끼는 것이 지혜이다. 일용할 양식을 얻는 것이 하루의 기도이다. 그저 아낌이 능사가 아니라 소중한 것으로 채우는 것이 추억이다. 왜 어떤 사람은 세월 속에서 추억을 쌓고 어떤 사람은 상처가 남을까? 세월도 역사적인, 기념비적인, 기록적인 것으로 남기려는 열정과 창의와 작업이 필요하다. 똑같은 시간도 추억으로 남기려는 노력이 작품을 만들고 지나가는 시간 속에서 후회 없는 세월을 남긴다.

경건 연습

영어를 잘하려면 입술에 영어근육을 만들어 주어야 한다. 근육이 생기고 근육이 만들어지고 근육이 발달이 되어야 영어가 쉽게 된다. 모든 것은 연습이다. 공부도 연습이고, 노래도 연습이고, 운동도 연습이다.

사람은 영과 육으로 되어 있기 때문에 육체적인 건강뿐만 아니라 영혼에도 마음에도 근육이 있다. 근육이 발달될수록 건강하듯이 마음에도 알통이 있고, 생각에도 뼈대가 있고, 믿음에도 통뼈가 있다. 건강하기 위해서는 힘줄을 운동으로 발달시키듯이 믿음 생활도 경건에 이르기를 연습해야 된다. 생각도 차원을 높이고, 긍정의 힘을 믿고, 적극적인 사고방식을 해야 된다.

마음에 뜻을 새기고 비전을 눈에 담고 교훈의 말씀을 귀에 못이 박히도록, 잘 박힌 못처럼 새겨야 된다. 연습벌레가 운동을 잘하듯이 신앙생활도 연습이다. 종이에 쓰지 말고 마음판에 새겨야 된다. 사랑도 연습이다. 축복하고, 위로하고, 사랑한다고 말을 선포하면 마음이 쏠린다. 연습을 통해서 실제에 접근할 수 있다. 믿음은 하루아침에 하늘에서 뚝 떨어지는 것이 아니다. 아침마다 성경을 읽고 습관적인 기도생활을 하고 주야로 말씀을 묵상할 때에 경건에 이를 수가 있다.

믿음→행함→사랑

행함이 없는 믿음은 믿음이 아니다. 살아있는 믿음은 반드시 행함으로 나타난다. 행동하는 믿음은 사랑으로 나타난다. 사랑은 입술로, 눈으로 하는 것이 아니라 행함과 진실함으로 하는 것이다. 사람을 감동시키는 것은 말이 아니라 사랑이다. 주는 사랑은 정에 굶주린 사람을 만족케 하고, 우울한 마음을 상쾌하게 하고, 사람을 신바람 나게 한다. 모두들 사랑이 없어서 배고파한다. 참된 사랑에 목말라 한다. 크리스천은 예수님을 통해서 참된 사랑을 맛본 사람들이다. 사랑에 감격한 사람은 또 다른 사람을 섬길 수 있다.

믿음은 행함으로 역사한다. 행동하는 믿음은 헌신적인, 희생적인 사랑으로 흘러간다. 살아있는 믿음의 공동체는 사랑과 은혜가 넘치는 곳이다. 모두가 사랑과 이해와 관심과 따뜻한 손길이 필요한 사람들이다. 크리스천은 세상의 빛과 소금이다. 어두운 세상에 빛이 되고 맛이 간 세상에 맛을 내는 조미료이다. 자신을 녹여서 빛을 발하고 자신을 희생해서 감칠맛 나는 세상을 만들어가는 존재이다. 그대가 빛이요 소금이다.

교회에서 가장 큰 자

교회는 세상에서 다양한 사람들이 모인 곳이다. 만민 중에 구별해서 하나님의 자녀로 부름을 받은 자들이 모인 곳이다. 전에는 하나님과 원수가 된 자들이며 죄인이었지만 예수님을 믿으면 이전 것은 지나고 새로운 피조물이 된다. 이제는 죄인이 아니라 의인이요, 거지같은 자식이 아니라 상속권이 있는 왕자요 공주이다. 교회는 상처 입은 자들이 모인 곳이다. 영육간에 멍든 사람들이 모인 곳이다. 예수님을 만나 치유와 회복을 바라는 자들이다. 그래서 가장 거룩하고 사랑이 넘치는 곳이 교회이지만 충돌과 실망이 많은 곳도 교회이다. 교회에서는 누가 가장 큰 자일까? 성경은 섬기는 자가 제일 큰 자라고 가르친다. 교회는 계급사회가 아니다. 교회는 민주주의 실험소가 아니다. 교회는 가장 많이 섬기는 자가 가장 큰 자다. 인생의 목적은 성공이 아니라 섬김이다. 예수님이 모범을 보이셨기에 우리는 아무리 섬겨도 주님을 따를 수는 없지만 말이다.

적당하게 하고
질서대로 하라 고전 14:40

성경은 모든 것을 적당하게 질서대로 하라고 가르친다. 적당하지 못할 때 무리가 되고 무리하게 될 때 물의가 빚어진다. 질서를 어길 때 혼란이 온다. 아무리 좋은 일이라도 적당히 해야 한다. 맛있는 음식도 고루고루 먹어야지 편식을 하게 되면 건강에 문제가 온다. 영적으로도 균형이 있어야 된다. 신앙생활이 좌로나 우로나 치우치지 말고 적당하고 질서가 있어야 한다. 선교를 할 때도 적당해야 된다. 주는데도 지혜가 필요하다.

생활이 안정이 되고 가정이 평안하고 무리가 없을 때 선교를 해야지, 일을 팽개치고 선교에만 빠지면 많은 문제가 일어난다. 최선을 다하고 무리해서라도 일을 성공시켜야 하지만 몸을 혹사시키고 무리하게 되면 탈이 생긴다. 매사를 적당하게 하고 속도를 조절하고 거리를 유지하고 컨디션을 조절해야 된다. 휴가철에 쉼표를 찾고, 더위를 이기고, 장기적인 구상을 하고, 몸의 컨디션을 조절해야 한다. 노래를 부를 때 쉼표가 없으면 숨을 못 쉰다. 생활의 쉼표, 건강의 쉼표, 영혼의 쉼표를 찍자.

긍휼사역

일보다 중요한 것은 사람이고, 사람보다 중요한 것은 사명이다. 일 중심으로 살다보면 인간미가 없어지고 인격이 배제된 효율성, 유익성만 따지니 부딪치고 다투기가 쉽다. 전쟁 시에 특공대원들이 사명을 감당하기 위해 폭탄을 안고 목표지점에서 장렬히 산화할 때에 군인정신의 숭고함, 필사적인 사명완수가 어떠한 것인가를 절감할 수 있다. 긍휼히 여기는 마음이 긴장된 관계를 부드럽게 만든다. 성령님은 우리의 마음을 옥토와 같이 부드럽게 만들어 주고, 불쌍히 여기는 마음을 주신다. 나의 부족과 허물보다도 주님의 긍휼이 크다. 관계와 사역에서 긍휼이 여기는 마음이, 불쌍히 여기는 마음이 필요하다. 주여, 불쌍히 여겨 주옵소서!

참된 경건은 고아와 과부를 그 환난 중에 돌아보고 자기를 지켜 세속에 물들지 아니하는 것이다. 측은지심, 惻隱之心 긍휼 사역을 하고, 상대방을 불쌍히 여기는 마음은 하나님께서 부어주시는 마음이고 그러할 때, 내 마음에 스트레스가 생기지 않는다.

생명, 열매, 감사

에덴동산 가운데에는 생명나무와 선악을 알게 하는 나무가 있었다. 사람들은 보암직하고 먹음직하고 탐스러운 열매에 관심이 많다. 생명과를 바라보아야 되지만, 선악과를 쳐다보다가 실패하고 만다. 선악을 밝히는 것보다 생명운동이 소중하다. 살아있다는 것은 위대하고 황홀하다. 살아있는 것은 반드시 자라서 열매를 맺는다. 내 생활이 생명과를 추구하는지 선악과를 향하는지 늘 분별, 선택해야 된다. 생명을 소중히 여기고 생명을 잘 관리해서 아름다운 성장과 풍성한 열매를 남겨야 된다. 생명의 성령의 법이 죄와 사망의 법에서 우리를 해방시킨다. 법대로 규칙대로 살아야 내가 보호가 되고 안전하다. 산 자는 살 길을 따라야 된다. 육신의 일을 도모하지 말고 썩을 몸을 위하지 말고 생명을 사랑하는 데 힘을 써야 한다. 육신의 생각은 사망이요, 영의 생각은 생명과 평안이다.

선악을 판단하기 시작하면 남들을 무시하고, 멸시하고, 교만해져서 패망하게 된다.

적용

신앙이 환상과 이상적으로만 흐르면 현실감이 없어진다. 진지함을 추구하다보면 사람이 율법적이고 비판적으로 흐르기 쉽다. 성경말씀을 배우되 적용이 중요하다. 묵상의 결론은 적용이다. 성경 묵상 후에 적용이 없다면 임신한 후에 유산하는 것과 같다. 적용에는 3가지 원칙이 있다.³ᴾ

첫째, 가능한 것^{possible}을 적용해야 한다. 허황한 것을 적용하지 말고 가능한 것을 해야 한다.

둘째, 실제적인 것^{practical}을 적용해야 한다. 생활 속에서 구체적인 것을 적용해야 한다.

셋째, 개인적^{personal}으로 적용해야 한다. 다른 사람을 비판하거나 판단하기 위한 적용이 아니라 나 자신에게 적용해야 된다.

말씀을 듣고 지나치는 사람이 아니고 청종, 순종, 적용을 통하여 말씀이 인격이 되고, 행함 있는 믿음의 사람이 된다.

자기병

사람은 누구든지 자기중심적이며 이기적인 면이 있다. 자존심이 있고 자긍심, 자만심이 있다. 자기의 한계와 수준이 있다. 모든 것은 자기가 판단하고 선택하고 결정한다. 그래서 자아상이 밝고 건강한 사람이 일을 잘하게 된다. 긍정의 힘을 믿고 매사에 적극적인 생활이 된다. 그러나 상처가 있고 자아상이 왜곡된 사람은 매사를 굴절시키고, 오해하고, 역기능적으로 대하게 된다. 심지어 성경말씀도 '내가복음'으로 만들고 산다.

자기한계를 뛰어넘는 사람이 은혜 받은 자요,

변화된 자이다. 우물 안의 개구리가 되지 말고, 우물 밖의 개구리가 되어야 된다. 자기감정에 충실하지 말고 성경적으로 자신을 고쳐나갈 때, 성경적인 세계관이 형성되고 영혼이 잘됨같이 범사가 잘 된다. 회개의 제목은 늘 나 자신부터 이루어져야 된다.

자기만 사랑하는 것은 나쁜 것이지만 하나님께서 창조하신 자기를 사랑하는 것은 좋은 것이다.

꿈과 현실

뜻을 정하고 꿈을 꾸고 비전을 가진 사람은 생활이 달라질 수밖에 없다. 개념도 없고 생활 철학도 없고 기도제목도 없는 사람은 삶의 방향도 없다. 그러나 꿈은 거창한 데 현실에서 너무나 유리된 사람이 많다. 꿈이 없는 것도 문제지만 꿈만 거창하지 실속이 없을 때 더 황당하다. 꿈을 현실로 만들기 위해서는 자기만의 노력과 엄청난 애씀이 있어야 된다.

숲을 보며 나무를 가꾸고 꿈을 꾸며 현실에 최선을 다하고 스케일을 키우되 디테일에 힘쓰고 그야말로 동시다발적으로 감당을 해야 된다. 한 사람이 아름다운 열매를 맺고 큰 사역을 감당하는 것을 보면 자기 나름대로의 눈물과 고독한 시간이 있었다. 무감각, 무기력, 무대책의 시대에 위대한 하나님 앞에서 위대한 꿈을 꾸고 사소한 도전을 주저하지 말아야 된다.

꿈만 꾸면 몽상가이지만, 꿈을 차곡차곡 이루어 가는 사람은 기적을 만들게 된다.

생활개혁

신앙생활은 대박을 꿈꾸기보다도 생활현장 속에서 사소한 것을 기도와 말씀으로 새롭게 하는 것이 중요하다. 생각 없이 살지 말고 성경말씀을 묵상하고 개념 없이 살지 말고 성경의 뜻을 따라서 하나님이 기뻐하실 것들을 찾아서 날마다 고치고 새롭게 해야 된다. 평소에 사소한 말 한마디, 오고가는 출입, 전화 한 통화, 텔레비전을 보는 시간, 물건을 사고, 돈을 쓸 때에 하나님께서 기뻐하실 쪽으로 생각하고 생활하고 결단해야 한다. 큰 고민 속에 빠지지 말고 작은 일에서 고치고,

결단하고, 새로워져야 한다. 세월 속에서 성화를 이루어야 한다. 물 한 방울이 바다를 이루고 말 한마디가 천 냥 빚을 갚고 사소한 일들이 습관을 만들고, 작은 행동이 문화를 만들어간다. 스스로 할 수 없음을 겸손히 인정하고, 성령보다 기도보다 앞서지 말고, 시시로 하나님을 의지해야 한다.

사람의 계획, 하나님의 인도

생각하고 판단하고 결정은 사람이 하지만 그 일의 결국과 응답과 인도는 하나님의 손에 달려있다. 기획은 내가 하지만 결제는 하나님이 하신다. 준비는 철저히 하고 전투는 치열하게 하되 떠날 때는 말없이 해야 된다. 계획초기에 발상, 착상, 구상, 상상, 창의력이 중요하다. 그야말로 초기 대응, 첫 단추, 첫 사랑이 중요하다. 시작이 절반이다. 그러나 결론이 더 중요하고, 열매로 그 나무를 알게 된다.

기도는 내가 하되 응답은 하나님께서 하신다.

소원은 내가 품되 소원의 항구로 인도하시는 분은 하나님이시다. 주객이 전도되면 안 된다. 어려운 때일수록 제자리를 지켜야 한다. 나는 사람이고 하나님은 신이시다. 사람의 계획은 틀리고 안 맞을 수도 있지만 하나님은 식언치 아니하시고 변함이 없으시다. 현실에 최선을 다하고 결과는 주님께 맡기자.

공을 들이자

하나님은 공평하시다. 사람들이 살아가면서 다른 사람들과 나 자신을 비교해 보면 부족한 것도 많지만 공평하신 하나님이 남달리 주신 것도 있다. 비교할 때는 비참하지만 하나님의 창조물은 나름대로 살아갈 수 있도록 공평하게 만들어졌다. 나에게 없는 것을 생각하면 불행하지만 있는 것을 생각하고 감사함으로 살면, 누구나 행복할 수 있다.

세상에 공짜는 없다. 우리의 구원은 공짜가 아니라 예수님의 피 흘림으로 가능해졌다. 세상은 심은 대로 거둔다. 만사가 공짜가 없다. 배움에는 수업료가 지불되어야 한다. 성장에는 성장통이 있다. 공짜를 바라는 마음이 나쁘다. 모든 것에는 대가를 지불해야 한다. 나는 공인이라는 생각을 늘 해야 한다. 육에 속한 사람이 아니라 영에 속한 사람이다. 마귀의 자식이 아니라 하나님의 자녀다. 우연의 산물이 아니라 사랑의 파트너이다. 사적인 삶을 너무 즐기지 마라. 공인이다. 야매인생을 살지 마라. 공인되고 인정받는 자가 되라.

불, 열정, 뜨거움

가정이 따뜻해야 화목하고, 요리도 따뜻해야 맛이 있다. 신앙생활도 뜨겁게 해야 한다. 성공한 사람은 열정의 소유자이다. 성경에는 차든지 덥든지 하라고 한다. 삶은 결단과 선택의 연속이다. 내 인생을 물에 물탄 듯이 살 것이 아니라 뜨겁게 열정적으로 불꽃같이 살아볼 일이다.

일을 해도 정확하게 하고, 인간관계도 쫄깃하게 하고, 매사를 열정적으로 해야 된다. 삶에 가속도를 가지고 탄력 있게 살기 위해서는 힘을 내고 열정을 지속하는 것이 필요하다. 암세포는 저온에서 자란다. 신앙생활도 뜨겁지 아니하면 금방 시험에 들고 사탄이 틈을 탄다. 그래서 우리는 깨어있어 기도하고, 뜨겁게 찬양하고, 부르짖어 기도해야 한다.

사랑의 온도계, 체온 유지를 잘 해야 한다. 열정은 지치지 않는 것이다. 성령은 불처럼 임했다. 성령을 소멸치 말고 마음의 불씨를 꺼트리지 말자. 마음을 차갑게 식혀버리는 소방수가 아니라 식은 가슴에 불을 댕기는 열정의 사람이 필요하다.

주님 다시 시작합시다

삶은 왜 그리 복잡하고 분주한지 모르겠다. 열심히 앞만 보고 뛰다보면 엉뚱하게 있는 내 자신의 모습과 주변 사람들의 반응에 놀라게 된다. 제법 성장한 줄 알았는데 어느 순간 바닥을 치는 내 자신의 인격과 됨됨이는 더욱 나를 무기력하게 만든다.

세월이 지난다고 철이 드는 것이 아니다. 배운다고 지혜로워 지는 것이 아니다. 나이가 든다고 어른이 되는 것이 아니다. 다 내려놓았다고 생각한 나의 자존심도 새파랗게 살아있고 상당히 포기했다고 여겼는데 어느 순간 뒤돌아보면 한 치의 포기도 없었다. 천만다행인 것은 믿음의 선배들도 숨바꼭질과 줄다리기의 삶을 오랫동안 살았다는 사실이다.

갈등은 길어도 결단은 순간이다. 죽음의 권세를 이기시고 다시 사신 우리 예수님은 우리의 삶도 회복시켜 주신다. 주 안에서 다시 비전과 도전의 삶을 살 수 있음이 소망이다. 언제라도 다시 시작할 수가 있다. 지난 것은 잊어버리고 주님! 다시 시작하지요.

선순환

혈액의 흐름이 고른 사람이 건강하다. 피가 잘 흘러가야 건강하다. 사람의 생활방식에는 선순환이 있고 악순환이 있다. 실패는 반복되고 실패하는 사람들은 실패할 수밖에 없는 흐름이 있다. 좋은 일이 반복되고 일이 성취될 때 긍정의 마인드가 되고 성공하는 사람은 특징이 있다. 이기는 것도 습관이다.

그만두자, 하지 말자는 스타일로 일을 하는 사람은 계속 마이너스 인생을 살아가게 된다. 실패가 반복되고 성공이 적으니 마음도 우울해지고 패배감이 그 사람의 인생을 주장하게 된다. 현실에 최선을 다하면서 일마다 때마다 사소한 승리를 쌓아갈 때, 건강한 사람이 되고 긍정적인 사역이 된다. 그때그때 관심사항이 있고 그때마다 그 일에 미쳐야 된다. 세월이 흘러가면서 미치는 대상이 달라진다. 그야말로 미쳐야[狂] 미치는 것이다.[及] 반복적인 실패가 사람을 짜증나게 한다. 상습적인 문제는 그래서 고질적이고 만성적인 문제이다. 윗물은 더러워도 나로부터 선순환을 이루는 샘물 같은 사람이 되어야 된다. 집에서 새는 쪽박은 밖에서도 샌다. 세 살 버릇 여든까지 간다. 선순환의 본류가 되고, 주류가 되고, 일류가 되어야 된다.

수위조절

어떤 사람은 성격이 솔직하고 활달해서 표현력이 강하다. 실감나게 리얼하고 노골적인 표현을 쓸 때 솔깃하고 재밌기는 하지만, 상당한 부담과 거북함이 있다. 날카로운 상처를 남기기도 한다. 어떤 사람은 마음속으로만 우물거리고 겉으로 표현을 하지 못해서 끝내 타이밍을 놓치고 마는 내성적이고 여린 사람도 있다. 사람의 성격은 좋고 나쁨으로 볼 것이 아니라 개성으로 봐야 한다. 바꿀 수도 없고 바꾸어지지도 않는다. 다만 성령의 기름부음을 통해 은사가 불일 듯 하게 될 때 하나님께서 기질대로 쓰신다.

  사람이 인위적으로 성격의 완급을 조절하고 강약과 고저를 조절한다는 것은 의미가 없다. 겸손이 크고 온유가 강하다. 내공이 강한 사람이 대인이다. 말을 다 안하고 지나가는 것이 유익할 때가 많다. 동양적인 미는 은근함이 배어 있는 절제와 여백의 아름다움이다. 성령의 은사는 절제이다. 우리의 부족과 허물에도 하나님의 은혜와 긍휼은 한이 없다. 성화의 과정에서 중단과 실패는 없다. 진리 안에서 자유가 있다.

복음전도

사람은 무슨 직업을 가졌든지 본업은 복음을 전하는 것이다. 예수님이 마지막 부탁하신 일은 가서 모든 족속으로 제자를 삼고 세례를 주고 땅 끝까지 복음을 전하는 것이다. 교회의 존재 이유는 전도와 선교이다. 전도는 전도사가 하는 것이 아니라 성도의 살아가는 근본적인 이유이다.

사람들이 전도를 최우선이 아닌 부업으로, 형편이 되면 하는 것으로, 차선책으로 생각하면서부터 삶이 교통정리가 안 된다. 너희는 먼저 그의 나라와 그의 의를 구하라 하였다. 일하기 싫거든

먹지도 말라고 했다. 전도는 내가 하는 것이다. 전도는 때를 얻든지 못 얻든지 믿거나 말거나 헬라인이나 로마인이나 사마리아나 땅 끝이나 예외 없이 시도 때도 없이 습관적으로 해야 된다. 샘솟는 기쁨으로 가서 선포하고, 소개하고, 알리고, 전하고, 인도해야 된다. 사람이 존재할 이유, 모든 늘린 것에서 자유, 삶의 여유가 있어야 한다.

하나님을 알고, 하나님을 알리자. 네가 해라, 지금 해라, 바로 해라.

생기와 군기

뉴스를 통하여 세계 여러 곳의 전쟁소식을 들을 때에 전쟁에 대한 생각이 새로워진다. 오랜 세월 동안 평화의 때를 지나면서 전쟁에 대한 위기의식이 사라지고 무사안일, 무기력, 무대책한 현실이 되었다. 군조직도 전투적이라기보다는 행정화, 조직화, 형식화가 많이 되었다.

성경은 많은 부분에 전쟁 이야기를 하고 있다. 영적 도해를 해볼 때 이 세상은 전쟁터이다. 공중 권세 잡은 자와의 전쟁이고 입시전쟁, 경제전쟁, 뱃살과의 전쟁 모든 것을 전쟁으로 해석하기도 한다.

   교회는 유람선이 아니고 군함이다. 마귀와의 전선에서 실수 없는 전투력을 구비해야 한다. 야곱은 얍복 강에서 씨름을 해서 이겼다. 에베소서에서는 하나님의 전신갑주를 입으라고 하였다. 성경에서 하나님은 전쟁에 능한 신으로 설명하고 있다. 에스겔 골짜기에 마른 뼈들이 생기가 돌 때 하나님의 군대를 이루었다. 오늘 성도는 야성을 회복하고 강한 훈련을 통해 위기의식을 가지고 영육 간에 안보의식을 갖추어야 된다. 마귀가 틈을 탈 수 없는 무장을 해야 된다. 적전분열이 안타깝지만 역사는 깨어서 기도하는 창조적 소수가 선도하였다.

집중

복잡한 데서 단순하게, 산만한 데서 간략하게, 혼란한 데서 질서를 찾는 것이 중요하다. 운동경기에서도 집중력이 필요하다. 끝까지 경기에 몰입해서 집중을 해야 득점을 하고 실점을 하지 않는다. 할일 많은 세상에서 분주한 일들 중에서 우선순위를 찾아서 일머리를 알고 일을 처리해야 한다. 집중력을 잃어버리면 바쁘기만 하고 효율이 없고 적중도 안 되고 일도 그르친다. 큰일만 생각하다가 작은 일을 소홀이 하면 그야말로 소탐대실이다.

일본 사람들이 축소지향적으로 살아서 선진국가가 되었듯이 작은 일에 충성할 때 큰일도 감당할 수 있다. 원대한 꿈을 꾸되 일상적이고, 소박하고, 평범하고, 사소한 데 소홀함이 없어야 된다. 남들 애기만 하지 말고 자기를 쳐서 말씀 앞에 복종시켜야 된다. 가장 나다운 것이 세계적인 것이다.

사돈 남 말 하듯이 다른 곳에 신경을 쓰지 말고 내가 맡은 작은 일에 성공하면 환경도, 관계도, 분위기도 좋아진다. 사람도 한 영혼에 집중할 때 전도가 된다. 말씀적용도 남을 비판하는 것이 아니라 자기가 개인적으로 현실적으로 적용해야 한다. 주만 바라보는 신앙의 집중력이 필요하다. 빛을 렌즈에 모으면 불이 일어난다. 인생은 선택과 집중이다.

찾기

사람은 자기의 길을 찾고, 꿈을 발견하고 뜻을 세워야 된다. 나의 가는 길이 어디로 가며 어떻게 될 것인가에 대해서 잘 알 수가 없다. 그래서 많은 사람은 방황을 한다. 하나님은 나를 향한 크고 놀라운 계획을 가지고 계신다. 한 사람을 향한 완벽한 계획과 인생사용설명서를 갖고 계신다. 말씀과 기도를 통해서 하나님께서 나를 위해 디자인해 놓으신 나만의 길을 찾은 사람은 방황할 것 없이 거침없이 막힘없이 나아가면 된다. 요셉은 하나님이 예비하신 자기 길을 잃어버리지 않은 것이 성공이다.

  사람은 꿈을 꾸어야 된다. 하나님은 복을 주시기 전에 꿈을 주신다. 교회는 꿈의 현상소이다. 신앙생활 중에 하나님이 주신 비전이 나의 꿈이 될 때 미션 파서블이 된다. 사람은 뜻있게, 값지게, 존귀하게 살아야 한다. 자기를 함부로 대하지 말고, 삶에 있어서 불안감과 두려움을 떨쳐버려야 한다.

  우리는 하나님의 사람이요, 소유된 백성이요, 존귀한 자다. 복잡하고 분주한 현대인들은 이 세 가지를 잃어버리기 쉽고 혼란, 갈등에 빠지기가 쉽다. 일마다 때마다 하나님 앞에 물어보고, 기도하고, 하나님의 말씀을 묵상하다 보면 세 가지가 분명해진다. 성경에서 길을 찾고, 답을 찾고, 약을 찾고, 복을 찾자.

무심코

역대하를 보면 한 사람이 무심코 활을 쏘았는데 이스라엘의 아합 왕이 그 화살에 맞게 된다. 이름도 없는 한 사람이 그야말로 무심코 쏜 화살에 성경 역사상 가장 악한 왕 아합이 죽게 되는 것이다. 역사는 우연의 일치가 많다. 사람들이 보기에는 우연이지만 모든 것이 하나님의 섭리이고, 간섭이고, 역사를 주관하시는 손길이다.

우리의 만남은 우연이 아니다. 사람이 생로병사, 희로애락 속에서 온갖 생각을 하지만 역사는 하나님이 주관하신다. 마음을 비우고 주님의 인도하심에 맡길 때에 평안이 온다. 마음이 없는 것이 무심이다.

사람도 지겹지 않은 사람이 되려면 사심이 없어야 한다. 사심이 없는 사람, 무색무취한 순수한 사람이 존경받는다. 성경에 믿는 사람은 그 배에서 생수가 흐른다고 했다. 성령님의 인도하심에 나를 맡길 때 순적함과 형통함이 있다.

흐르는 강물처럼 세월은 흘러가고 만남과 이별도 속절없이 지나간다. 감정을 섞지 마라. 마음을 흘리지 마라. 함부로 사랑하지 마라. 나를 부인하고, 나를 비우고, 성령 충만할 때에 성령님은 무시로 역사하신다.

뱀같이 지혜롭게

성경에 뱀같이 지혜롭고, 비둘기같이 순결하라고 했다. 뱀이 형태를 다양하게 바꾸는 것을 지혜롭다고 한다. 사람은 사고 방식이 중요하다. 결혼상대를 찾을 때 생각이 좋은 사람을 선택해야 한다. 생각이 병들고 삐뚤어지면 매사가 부정적으로 흘러간다.

사고방식이 긍정적이면서도 유연하고 벤처 정신이 있어야 된다. 벤처 정신은 도전의식과 창조의식과 모험의식을 포함한다. 건강한 사고방식과 전략적인 사고방식을 할 때 역사를 주도할 수가 있다. 생각 없이, 개념 없이, 꿈도 낭만도 없이 살아갈 일이 아니고 생각을 가다듬어야 된다. 마음에도 알통이 있고 생각에도 근육이 있다. 성경적인 사고방식, 지혜로운 마음이 필요하다. 역사를 주관하시고 섭리하시는 하나님의 구원역사의 관점에서 세상을 바라보고 시대의 요청과 성령의 탄식과 하나님의 부르심, 교회의 필요에 민감해야 된다. 마음을 새롭게 함으로 변화를 받고, 생각을 고쳐서 주님의 기쁨이 되고, 아버지의 마음을 시원케 해드리고, 하나님의 마음에 합한 자가 되어야 된다. 이 시대의 세계선교와 지역 복음화에 대한 지혜와 순결이 필요하다.

가지치기

나무가 자랄 때에 적당히 가지치기를 해야 나무가 건강하고 열매가 튼실해진다. 아깝다고 가지 모두를 욕심내면 나무가 힘이 분산이 되어서 가지가 약해지고, 열매가 맺혀도 가지가 찢어지거나 열매가 부실해진다.

사람도 살아가면서 그때그때 가지치기를 해야 한다. 모든 무거운 것과 얽매이기 쉬운 죄를 벗어 버려야 한다.^{히 12:1} 인간관계도 가지치기가 필요하다. 만남의 구조조정이 중요하다. 예수님께서는 열매를 맺지 아니하는 가지는 아버지께서 그것을 제거해 버리시고 무릇 열매를 맺는 가지는 더 열매를 맺게 하려 하여 그것을 깨끗하게 하신다고 하셨다.^{요 15:2} 가지치기의 타이밍과 분량을 잘 조절해야 된다.

가지치기의 대상은 네 가지가 있다. 첫째, 병든 가지, 둘째, 햇빛을 가리는 가지, 셋째, 서로 부딪히는 가지, 넷째, 안으로 파고드는 가지는 결국 무익하고 유해하기 때문에 전지작업을 해야 된다.

단단한 음식

어린아이들은 젖을 먹고 산다. 그런데 어른이 되어서도 단단한 음식을 먹지 못하고 젖병이나 빨고 있으면 곤란하다. 현대인들은 개인적이고 타인에게 간섭받기를 싫어한다. 거의 혼자 자라서인지 타인과의 관계를 힘들어 한다. 혼자서 컴퓨터나 스마트폰을 가지고 노는 것은 좋아하지만 타인을 마주하고 상대하기는 힘들어 한다. 지시를 받거나 지적을 당하면 어쩔 줄을 몰라 한다. 덩치는 크지만 유치한 어린아이 같은 약골이 많다. 젖병이나 빨고 있을 것이 아니라 단단한 음식을 먹을 줄 알아야 한다. 과보호로 자란 자녀는 부모 없이 자란 사람보다 못하다.

   이와 같이 신앙생활도 훈련과 연단이 필요하다. 고난을 당할 때 겸손하게 자기를 낮추고 참는 훈련을 쌓아야 한다. 세상에 공짜는 없다. 비싼 수업료를 내고 대가를 치러야 조금씩 배워간다. 단것만 좋아하고 부드러운 것만 먹으면 소화력이 떨어지고 당뇨와 같은 성인병이 오기 쉽다. 나이가 들고 연륜이 쌓이고 넓은 세상으로 나아갈수록 내 생각과 다르고 내 코드와 다른 사람을 만나 일을 해야 된다. 도망가고 피하는 것이 능사가 아니다. 정공법으로 부딪혀야 한다. 아픈 만큼 성숙한다. 단것만 빨지 말고 스테이크를 씹는 맛을 알아야 한다.

쫓기는 자와 쫓는 자

사람들은 무엇인가에 쫓겨서 바쁘게 살아간다. 시간에 대한 일종의 강박관념이 있다. 빨리 해야 되고 늦으면 큰일이다. 매사에 서두르고 쫓기고 조급하다. 그러다보니 마음의 여유도 없고 사람 구실하기도 힘들다. 늘 바쁘지만 실속이 없다. 밀리고 쫓기고 쉬지도 못한 채 발등의 불끄기에 바쁘다. 쉼표가 없는 인생, 부질없는 것에 쫓기고 서두르다보면 어느 날 빈 껍질의 자신을 보게 된다. 어떤 사람은 세상을 떠난 후에 더 크게 평가받기도 하지만 많은 사람이 이름 없이 사라진다.

한번 죽는 것은 정한 이친데 반드시 심판이 있다. 우리는 세월을 아끼고 부지런히 살아야 하지만 쫓기듯이 마음의 여유가 없이 허덕거릴 필요는 없다.

눌릴 것도 없고, 떨 것도 없고, 서두를 것도 없다. 신앙의 깊은 평강과 고요를 맛보며 살아갈 일이다. 하프타임, 쉼표, 충전기가 필요하다. 분주한 리듬이 아니라 차분한 리듬의 일상을 살아가고 마음의 여유를 가지고 살아갈 일이다. 예수님은 때가 차매 오셨고, 바쁜 것도 없고, 늦은 것도 없고, 주의 길을 담담하게 걸어가셨다.

빠삐용 신앙

일이 피곤한 것이 아니고 관계가 피곤하다. 인간관계는 먼 곳에 있는 사람보다도 가까운 사람과 항상 부딪친다. 판단과 무시와 감정의 충돌이 일어난다. 빠삐용 신앙은 모임이나 관계에서 빠지지 말고, 삐지지 말고, 용서하는 마음을 가지는 것을 말한다. 관계가 불편해 질 때 마음을 닫고 서로 상종을 하지 않고 모임에 빠지며, 거리감을 두면 관계를 회복할 기회가 없어진다. 감정에 변덕과 실증과 짜증과 삐침이 예측불허의 관계를 만들고 만다. 마음의 넉살을 키우고 마음을 넓히고 마음의 항체를 만들어야 한다. 그러나 맨 정신으로 용서가 불가능하다.

성도는 성령의 충만함을 받아야 사랑과 희락과 온유와 오래 참음과 절제가 된다. 믿음의 열매가 나타나야 된다. 수많은 인간관계에서 상처받지 않고 따뜻한 만남을 이루어 가기 위해서는 소극적으로 빠지거나 삐지지 말고 적극적인 용서와 성령충만을 만들어 가야 된다.

당신은 탤런트입니다

사람에게는 누구나 하나님께서 부여하신 재능이 있다. 자기만의 탤런트를, 캐릭터를 찾아야 존귀하게 쓰임 받을 수 있다. 배우는 아무나 하는 게 아니다. 탤런트는 끼가 있고 감각이 남다르다. 될성부른 나무는 떡잎부터 다르다.

크리스천은 3D가 있어야 된다.$^{Dream,\ Disciple,\ Difference}$ 한류를 일으킨 SM의 이수만 회장은 한류스타를 만들기 위해선 남다른 관심과 집중, 열정이 필요하다고 하였다.

탤런트는 맡은 배역을 잘 감당한다. 우는 자와

울고, 웃는 자와 웃을 수 있어야 한다. 표정관리도 천의 얼굴이 되어야 한다. 그때그때 최선을 다하다보면 노하우가 쌓이고 감각이 늘고 은사가 개발된다. 오디션 프로를 보라. 얼마나 준비하고 노력하는가?

   당신의 인생을 연주하라. 당신의 인생을 연출하라. 인생은 각본 없는 드라마가 아니고 성경에 인생사용설명서가 들어 있으니까 성경 속에서 감추인 보석을 찾아서 때 빼고 광을 내보라. 환상적인 작품이 될 것이다.

베스트 컨디션

공간 에너지가 있다. 에너지의 급격한 변동은 상처가 되거나 병이 되어 문제를 일으킨다. 생리와 흐름이 있다. 그래서 균형과 조화가 필요하다.

속도 조절 너무 빨리 가면 어지럽다. 돌발 상황에 응급대처가 안 된다. 주님은 때가 차매 오셨고, 때를 따라 사역하셨다. 타이밍을 놓치면 의미가 없다. 삶의 이유, 자유, 여유가 중요하다.

온도 조절 암은 저온에서 자란다. 독수리는 상승온난 기류를 탄다. 빛이 사랑이고 행복이다. 햇

빛만 쬐어도 비타민 D가 생성되고 우울감이 덜하다. 사랑으로 체온을 따뜻하게 해야 된다.

수위 조절 메마르고 건조하면 식물이 살기 힘들다. 복 있는 사람은 시냇가에 심은 나무와 같다. 하나님의 축복은 물댄 동산 같고 물이 끊어지지 않는 샘과 같다. 요셉은 샘 곁에 심긴 나무 같았다. 요한복음 7장에 믿는 자는 그 배에서 생수의 강이 흐른다고 하였다. 성령님은 바람처럼, 불처럼, 생수처럼 역사하신다. 성령의 열매가 사랑과 희락과 온유, 충성, 절제이다.

최고, 최대, 최상의 컨디션을 유지하라.

정상적인 크리스천

무슨 일이든지 균형과 조화와 건강성이 중요하다. 길을 갈 때에도 좌로나 우로나 치우치지 말고 정도를 가야 된다. 바른 신학, 바른 신앙, 바른 생활, 그야말로 반듯한 사람이 되어야 한다. 문제가 생겼을 때도 잔머리를 굴리지 말고 정공법으로 나아가는 것이 좋다.

고린도전서 10:13에는 감당 못할 시험이 없고 하나님께서 피할 길을 열어주신다고 하셨으니 무슨 일을 만나든지 정공법으로 부딪쳐 나가다보면 그때그때 주께서 피할 길을 열어주신다. 닥치는 대로 산다는 것이 함부로 살아간다는 것이 아니라 두려워하지 않고, 놀라지 않고, 피하지 않고 정면으로 나아갈 때에 해법을 찾을 수 있다는 말이다. "하나님 똑바로 보게 해 주세요"라고 기도해서 바른 세계관을 가져야 한다. 바른 관점으로 바라보고, 정상적인 사고방식으로 판단하고, 정석플레이를 해야 된다. 산만하거나 신변잡기에 강하고 변죽을 울리는 사람이 아니라 핵심가치를 붙잡고 정곡을 찔러야 한다. 의미 없는 수다를 떨거나 잡담으로 소일할 것이 아니라 정도를 따라 정론을 펼치라. 하나님 중심, 성경 중심, 교회 중심, 그야말로 중심을 잡아야 한다. 워낙 혼란하고 복잡한 세상이니 주께서 우리 손을 굳게 잡아주셔서 갈팡질팡하는 인생이 아닌 바른 길로 인도해 주시기를 기도하자.

드림 Dream

업드림 권능의 사람들은 기도의 사람들이다. 엎드려 기도할 때 하나님이 불쌍히 여겨 주신다. 엎드림은 겸손한 자세이다. 겸손한 자를 주께서 높이신다. 기도할 때 기도제목을 업그레이드 Up grade해야 된다. 마음도 메이크업 Make up해야 된다. 꿈이라도 빵실하게 꾸자. Up dream 무릎으로 기도하는 자가 승리한다.

두드림 신앙생활의 첫 단계는 구하고 찾고 두드리는 것이다. 우는 아이에게 떡을 준다. 찾는 자가 만나고 두드리는 자에게 열린다. 도전과 비전과 응전의 자세가 필요하다. 구하는 자에게 하나님께서는 좋은 것을 주신다.^{눅 11:13}

다드림 쉐마^{신 6:4}는 마음을 다하여 뜻을 다하여 힘을 다하여 주 너의 하나님을 사랑하라고 한다. 하나님은 100%를 요구하신다. 순수복음, 순전한 기독교이다. 전심으로 여호와를 향하는 자에게 능력을 베푸신다.^{대하 16:9}

더드림 다윗은 성전건축을 위해 환난 중에도 심히 많이 준비하였고 솔로몬에게는 더 준비하라고 부탁하였다.^{대상 22:14} 티끌모아 태산이다. 조금만 더 노력하면 훨씬 좋은 결과가 나타난다.

작은 드림을 통해 큰 꿈^{Dream}이 이루어진다.

알곡과 쭉정이

사람이 실속 없는 짓을 할 때가 많다. 실속을 차리고 작아도 알찬 것이 좋다. 농사를 해도 알곡과 쭉정이가 같이 있다. 쭉정이는 아무짝에도 쓸모가 없다. 농부를 피곤하게만 할 따름이다. 우리는 알곡이 되고 알차야 된다. 전도의 알곡, 봉사의 알곡, 선교의 알곡, 인격의 알곡이 되어야 된다. 농사 중에 최고의 농사는 사람농사이기 때문이다. 인재를 발굴하고, 제자를 양육하고, 다음세대를 준비해야 된다. 비판하고 싸우는 시간에 사람을 키워 내야 한다. 말썽꾼이 아니라 일꾼이 되어야 된다. 아마추어가 아니라 프로가 되어야 된다. 신변잡기가 아니라 본질적인 것에 충실해야 된다. 철부지가 아니라 실제적이고 알차고 그야말로 알부자가 되어야 된다.

사람이 성령을 받았는지 악령을 받았는지는 그 열매를 보고 알 수가 있다. 잎만 무성해서 예수님께 저주를 받은 무화과나무가 아니라 성령의 열매를 주렁주렁 맺는 사람이 되어야 된다. 행함이 없는 믿음은 죽은 믿음이라고 하였으니 우리는 결단과 실천의 사람이 되어야 된다. 착하고 충성되고 지혜롭고 부지런한 종이 되어서 열매를 남기자.

은혜와 진리가 충만하더라

말씀이 육신이 되어 우리 가운데 거하시매……은
혜와 진리가 충만하더라.^{요 1:14}

예수는 지혜와 키가 자라가며 하나님과 사람에게
더욱 사랑스러워 가시더라.^{눅 2:52}

예수님의 모습 속에서 말씀과 육신, 은혜와 진리, 지혜와 키, 하나님과 사람이 대치되고 반대개념이 아니라 상호소통과 아름다운 동행이 균형과 조화로 나타난다. 새는 두 날개로 날아오른다. 우리 가운데 이기적이고 외통수, 균형이 없는 주장이 문제를 일으키는 경우가 많다.

   하나님 중심은 좋은데 인간미가 없어도 곤란하고 은혜 위주는 좋은데 행정적인 면이 소홀해도 안 된다. 인생은 그때그때 골고루 미쳐야 된다. 지치면 지고, 미치면 이긴다. 패션과 컴패션^{열정과 긍휼}이 같이 있어야 된다. 하나님께 인정받고 사람들에게 존경받고 가족에게 사랑받고 내가 보기에도 좋아야 된다. 팔방미인, 100%를 요구하는 것은 무리이지만 어느 한쪽이라도 결핍은 피해야 한다. 너무 일찍 포기하지 말고 보완을 통해 자기를 키워야 한다. 교육과 훈련을 통해서 건강하고 균형 잡힌 사람이 되어야 한다. 예수님처럼 더욱 사랑스러워져야 한다.

열매를 맺기까지

광주 겨자씨교회를 다녀왔다. 이름처럼 작은 씨앗인 겨자씨에서 출발해서 광주시 최고의 교회로 부흥을 이루었다. 얼마나 전도를 열심히 하는지 한 주에 600명씩, 한 달 이상 새 가족이 오고 있다. 눈물로 씨를 뿌리면 기쁨으로 거두는 법이다. 가장 작은 겨자씨가 뿌려질 때 싹이 나고 물을 주고 하지만 자라게 하시는 분은 하나님이시다. 겨자씨가 큰 숲을 이루었다.

 삶에는 열매가 있어야 된다. 자식의 열매, 사업의 열매, 성령의 열매, 전도의 열매가 있다. 가을

철 심방을 다녀보면 어느 집의 담장 너머로 소담스러운 과일이 풍성하게 맺혀 있는 것을 보면 집안의 어르신 누군가가 일찍이 심었었고 긴 세월 가꾸고 돌보았다는 증거로 보인다. 열매만 따려고 하지 말고, 부지런히 뿌리고 심을 일이다. 심은 대로 거두는 법이니까!

한 알의 열매가 맺기까지는 좋은 땅을 만들어야 된다. 묵은 땅을 기경하고 좋은 땅, 옥토를 만들어야 된다. 좋은 땅에 좋은 종자를 뿌려야 된다. 될성부른 나무는 떡잎부터 다르다 한다. 되는 나무는 갈증과 긍정과 열정이라는 세 가지 증세가 있다고 한다. 옥토에 좋은 나무를 심으면 좋은 열매가 맺힌다. 나쁜 나무가 좋은 열매를 맺을 수 없다. 농사는 하나님과의 동업이다. 하나님께서 이른 비와 늦은 비로 복을 주신다.

과잉 시대

현대인들은 많은 부분이 지나치게 넘친다.

정보과잉 인터넷을 통하여 지식인 검색을 하면 한꺼번에 정보가 솟아진다. 분별을 못할 정도로 마구잡이 정보뭉치가 쏟아져 나온다. 점점 분별력은 없어지고 홍수 속에서 오염이 생겨서 마실 물이 귀하듯이 정보의 홍수 속에서 참된 정보가 없다.

영양과잉 먹을거리가 많고 영양과잉이 되다보니 소아비만이 생기고, 복부비만도 많아지고, 과

체중이 된다. 비만에서부터 고혈압, 관절염, 심장병 등 각종 성인병이 생기게 된다. 음식만 절제해도 모든 것을 절제할 수 있다. 건강한 사람은 음식을 절제하고, 적당한 운동을 하고, 규칙적인 생활을 하고, 원만한 가족관계를 이루며, 긍정적인 마음을 유지한다.

위로과잉 과보호로 키운 자식은 약골이 될 수밖에 없다. 교회에서도 과잉위로 때문에 하나님을 경외하지 않고 고난의 축복을 모른다. 독수리는 새끼를 키울 때 둥지를 어지럽히고 낭떠러지에 새끼를 밀어뜨려서 강하게 훈련시킨다. 매사를 편리주의, 실용주의, 합리주의, 쾌락주의로 대하다 보니 약체가 될 수밖에 없다. 더도 말고 덜도 말고의 축복이 한가위의 멋이다. 가난하게도 마옵시고 부하게도 마옵시고, 좌로나 우로나 치우지지 말고 중용의 미덕을 살릴 일이다.

대체 신앙

의학에 대체의학이 있다. 한방과 양방을 대체해서 의학에 대안을 제시하는 것이다. 여러 가지 방법을 모색하다가 새로운 차원의 민간요법 같은 새로운 치료방법을 찾아가는 것이다.

감사에도 대체감사가 있다. 빌립보서 4:6에 "아무것도 염려하지 말고 감사함으로 아뢰면 하나님의 평강이 마음과 생각을 지킨다"는 것이다. 사람의 마음은 염려와 걱정과 근심으로 채울 수가 있고 감사와 찬양으로 채울 수도 있다. 염려 대신 감사로 채우는 것을 대체 감사라고 할 수 있다. 사람의 마음은 비우기가 아니고 채우기가 중요하다.

마음을 100% 비울 수는 없다. 무언가로 대신 채울 수는 있다. 사람은 무엇인가 생각하고 관심을 가지고 추구하게 되어 있다. 순전하고 신령한 젖을 사모하면 신령한 사람이 된다. 죄와 사망의 법을 따라가면 멸망할 수밖에 없고 생명의 성령의 법을 따라가면 영생을 얻는다. 우울한 생각을 하면 우울해진다. 우울증은 이기는 것이 아니라 성령 충만, 은혜 충만, 진리 충만, 찬양이 충만할 때 물러가는 것이다. 그야말로 밀어내기 작전을 해야 하는 것이다. 엉뚱한 곳에 관심을 가지지 말고 진리를 붙잡고 십자가를 지고 주를 따라가는 것이다.

나는 무엇으로 나를 채우는가? 오직 예수!

작은 것의
아름다움

작다
[형용사] 길이, 넓이, 부피 따위가 비교 대상이나 보통
보다 덜하다

작은 것이 아름답다

사람들은 대박을 꿈꾸고 크고 많은 것을 선호한다. 성경은 많은 숫자에 관심을 두지 않고 믿음이 신실한 한 사람을 찾는다. 달란트 비유에서 작은 일에 충성할 때, 많은 것을 맡기시고 주인의 즐거움에 참여할 수 있다고 하셨다. 소자에게 한 것이 예수님께 한 것이라고 하였다. 작은 자 하나에게 냉수 한 그릇이라도 주는 자는 결단코 상을 잃지 아니한다.

역사는 무리와 군중심리에 의해 이루어지는 것이 아니라 창조적 소수에 의해서 주도된다. 개미

군단이 힘이 있고 티끌 모아 태산을 이룬다.

부담 없이, 소박하게, 겸손하게, 작은 것에서부터 다시 시작할 일이다. 성경의 역사는 오병이어, 다윗의 물맷돌, 모세의 지팡이, 엘리야의 손바닥만한 구름, 기드온의 보리떡, 라합의 붉은 줄과 같은 작은 것들이 큰 역사를 이루었다. 작은 불꽃 하나가 큰 불을 이루듯이, 물이 바다 덮음같이, 미세한 차이, 엔진의 미동이 거대한 공장을 움직이게 된다. 선교는 작고, 귀찮고, 사소한 것을 어떻게 하느냐에 달려있다. 작은 것을 부끄러워하지 말고 부지런히 알차게 챙겨가면 마침내 풍성한 결실이 있을 것이다.

겨자씨에서 숲을 보다

겨자씨는 팔레스타인 지방에서 가장 작은 씨앗이다. 이 작은 씨앗이 자라면 최대 4.8미터까지 크고, 큰 숲을 이룬다. 그 숲에는 새들이 와서 둥지를 틀고 새끼를 낳는다. 미미한 것이 창대하게 된다. 우리는 작은 것에서 큰 잠재력과 위대한 미래를 볼 줄 아는 안목이 있어야 된다.

콘 비전이 있다. 옥수수는 한 자루에 최대 507개까지 알이 들어있다. 한 알 한 알을 따서 뿌리면 많은 옥수수를 얻게 된다. 작은 것이지만 옥수수 한 알을 뿌릴 때 엄청난 수확이 이루어진다.

사람들이 가난을 되물림 하지 말고, 기도를 심고 말씀을 심으면 큰 역사를 이룬다. 씨앗을 품고 나가면 싹이 나고, 숲을 이루고 새들이 깃든다. 콘 비전, 월드 비전, 겨자씨 비전처럼 작은 것을 품는 운동을 해야 된다.

사도바울처럼 해산의 수고를 치를 때에 영적인 새 생명이 탄생한다. 사람을 입양하고 품고 양육하고 제대로 섬기자. 하나님의 기뻐하시는 꿈을 품고 비전이 나를 끌고 갈 때 사명자가 된다. 사명자는 수명자요, 꿈꾸는 자에게는 꿈같은 일이 펼쳐질 것이다.

작은 것의 복

사람들은 크고, 많고, 세고, 강한 것을 좋아하지만 성경은 작은 것, 약한 것, 남은 것을 통한 하나님의 구원 역사가 기록되어 있다. 작은 것이 아름답다. 하나님께서 지으신 모든 것은 아름답기 때문에 다소와 대소와 강약을 떠나서 하나님의 솜씨가 나타나기 때문에 그 자체가 아름답다. 하나님은 다윗의 물맷돌, 모세의 지팡이, 엘리야의 손바닥만 한 구름, 기드온의 보리떡, 삼손의 뼈다귀, 라합의 조각천, 뱃세다의 오병이어로 기적을 일으키셨다.

작은 것이 중요하다. 시험도 작은 것으로 들고, 부흥도 작은 것으로부터 시작된다. 사소한 것이 화근이 되고 불씨가 되어 큰 불을 일으킨다. 작은 물방울이 흘러가면 도랑, 천, 강, 바다를 이룬다. 소박한 것에서 대박이 터지고 평범함 속에 비범함이 있고 사소한 것이 중요하며 작은 것이 아름답다. 한 달란트도 많다. 남의 것을 부러워하지 말고 하나님이 내게 주신 것을 감사함으로 받고, 인정할 때에 가장 나다운 것이 된다.

한마디의 힘

마음에 와 닿는 단문 하나를 읽으면 기분이 상큼해진다. 오랜만에 친구를 만난 듯이 반갑다. 누군가 나와 생각이 같은 사람이 있다는 것이 좋다. 아니 내 마음을 너무 잘 정리해 주는 것이 고맙다. 행복한 사람은 공감대가 넓다고 한다. 마음에 드는 글 한편을 읽을 때도 절정의 체험과 카타르시스가 있다. 짧게 압축하여 요약하는 것도 실력이다. 생각을 그때그때 엮어서 짧은 문장으로 정리를 해보면 마음도 정돈이 된다.

 말은 마알, 즉 마음의 알갱이의 준말이다. 구슬

이 서 말이라도 꿰어야 보배다. 답답한 세상에 반가운 편지처럼, 한줄기 시원한 소나기처럼, 광야의 소리가 그립다.

설교를 들을 때에도 근본적인 메시지가 남으면 은혜가 된다. 구호가 선명하고 단순할 때, 힘이 모아진다. 말 한마디로 천 냥 빚을 갚는다. 짧은 글 긴 내용! 짧은 말 긴 여운!

김치 신앙

사람이 살다보면 별일을 다 겪는다. 진리를 알 때에 진리 안에서 자유가 온다. 성도는 세상의 빛과 소금이다. 그러므로 어두운 세상에서 빛이 되고, 더러운 세상에서 소금이 되고, 답답한 세상에서 그리스도의 편지가 되고, 냄새나는 세상에서 향기가 된다.

소금의 역할은 무엇인가? 김치를 만들 때 배추를 다듬어서 소금을 뿌린다. 그러면 소금이 배추를 절이게 된다. 그야말로 소금은 배추를 죽이는 것이다. 거기다가 어머니의 정성스런 손길로 온갖 양념을 뿌려서 버무린다. 고춧가루도 뿌리고, 마늘도 넣고, 생강도 넣고, 배추입장에서는 죽을 맛일 것이다. 배추로 봐서는 온갖 고난을 겪어야 맛있는 김치가 된다. 소금과 고춧가루의 혹독한 맛을 지나야 맛있는 김치가 된다. 묵은지가 되면 얼마나 깊은 맛이 나는가?

단풍잎의 비극을 아는가? 보기에는 예쁘지만 나뭇잎은 생명력이 다하여 떨어지기 직전에 빨갛게 물든다. 그 순간이 가장 아름다워 사람들은 그것을 보기 위해 열광하지 않는가? 예수님은 고난을 이기시고 사망권세를 이기시고 부활하셨다. 인생은 고난이 지나야 부활이 온다.

씨앗의 힘

열매 속에는 더 많은 열매를 맺을 가능성을 가진 씨앗이 있다. 한 알의 씨앗은 땅에 심겨지면 엄청나게 자라서 또 다른 열매를 맺고 큰 숲을 이루어 많은 유익을 준다. 한 알의 밀알이 땅에 떨어져 썩을 때, 열매를 맺고 많은 분의 눈물과 기도와 땀이 밑거름이 되어서 씨앗은 자란다.

종자를 관리해야 된다. 불씨가 화근이 되기도 하고 작은 씨앗이 자라서 큰 숲을 만들기도 한다. 포도나무는 더 열매를 맺기 위해 깨끗하게 전지 작업을 한다. 교회 안에서 작은 어린이가 자라서 장차 세계 방방곡곡에서 귀한 열매를 맺을 수 있도록 어른들은 복을 빌어주고, 격려하고, 응원해 주어야 된다. 꽃씨를 나누듯이 씨앗을 나누어 주면 그것이 가로수처럼 자라서 많은 사람에게 기쁨을 선사한다. 꽃과 나무는 아낌없이 나누어 주는 존재이다.

신앙생활은 말씀의 종자를 붙잡고 눈물의 기도와 사랑의 수고가 밑거름이 되어 마침내 성령의 아홉 가지 열매가 주렁주렁 맺힌다. 씨앗은 그 속에 생명이 있다는 것이다. 우리는 영적 DNA가 다르다. 하나님의 자녀요 존귀한 자다. 복음 전도를 통해 생명을 나누자. 자라게 하시는 분은 하나님이시다.

애살과 넉살

사람들은 인간관계를 항상 어려워한다. 가까이 하기엔 너무 먼 사람이 많다. 친하거나 불편한 관계가 모호하다. 기계가 돌아갈 때에 윤활유가 필요하듯이 인간관계도 성령의 기름 부으심이 필요하다. 큰 복은 하나님이 주시고, 작은 복은 사람이 챙기는 법이다. 만남의 축복을 주시고, 관계를 알차게 채우시는 분은 하나님이시다. 하나님의 인도하심이 있어야 하지만 사람도 스스로 관계를 유지해야 된다. 애살이라는 것은 꼼꼼하게, 차근차근하게, 알뜰살뜰히, 디테일하게 하는 것이다.

통 큰 스케일도 필요하지만 구체적인 간간함이 필요하다. 애살스럽게 관심을 가지고 챙기고 마음 쏟고 끝까지 챙기는 마음이 필요하다.

그런데 나무와 사람은 멀리에서 봐야 된다는 말이 있다. 가까이에서 보면 허물이 많이 보인다. 나무를 보지만 멀리에서 숲을 볼 때 아름답다. 그럴 때 필요한 것이 넉살이다. 매사에 까칠하게 대하지 말고 때로는 웃어넘기고 털어버리는 배짱이 필요하다. 넉살이 좋은 사람은 붙임성이 있고, 사과도 잘하고, 먼저 웃으며 화해하고 분위기를 밝게 만들어 간다. 약간 푼수끼가 있고, 모자라는 모습이 상대방에게 편안함을 준다. 내가 망가질 때에 상대방이 웃는다. 내 부족을 미리 얘기할 때, 겸손하고 여유가 생긴다. 하나님도 우리를 한없이 불쌍히 여기시고 긍휼을 베풀어 주신다. 애살과 넉살이 교차될 때 인간관계가 돈독해진다.

미세한 차이

사람은 사소한 것에서 상처를 받고 미세한 차이에서 갈등을 느낀다. 세계선교를 놓고 고민하기보다도 함께 사는 가족전도 때문에 힘들어 한다. 미세한 차이가 엄청난 결과를 초래한다. 큰 둑에 금이 가고 물이 세기 시작하면 큰 재앙을 초래한다. 호미로 막을 일이 가래로도 못 막게 된다. 미세한 차이를 분별할 줄 아는 것이 지혜다. 사람은 소탐대실하기 쉽고, 사소한 것에서 마음을 닫고 큰 것을 잃어버리기 쉽다. 마음속에 미세한 갈등을 잘 처리하지 못하면 파국을 맞이한다. 사소한 것이 위대하고 소박한 것이 엄청나고 일상적인 것이 대단하다.

대박을 꿈꾸다가 쪽박을 차지 말고 사소한 것에, 지극히 작은 것에 충성할 때 착하고 충성된 종이 되어 주님께 칭찬 받는다. 작은 것에서 진검승부가 벌어진다. 사소한 것을 소홀이 하면 큰 문제가 닥칠 때 감당을 못한다. 디테일의 힘이 있다. 깐깐하게, 까칠하게, 꼼꼼하게, 알뜰할 때에 빈틈없이, 허점 없이 성공할 수 있다. 사람에게 있는 아주 나쁜 충은 대충이다. 대충대충해서 되는 일이 없다. 숲을 보고, 나무도 봐야한다. 스케일 속에 디테일이 있고, 대범함 속에 세심함이 필요하다.

구슬이 서말이라도

세월이 흘러갈수록 일이 분주해지고 만남이 복잡해진다. 사람들이 쉽게 피로감을 느끼고 때로는 정신이 분열될 만큼 힘들어한다. 일이 힘든 것이 아니고 관계가 힘들다.

의식주통이 중요하다. 예부터 의식주 해결을 최우선으로 했지만 지금은 소통이 중요하다. 피가 통하고, 말이 통하고, 뜻이 통해야 된다. 불통하면 불행하고, 소통이 안 되면 고통이 온다. 자기 일만 잘하는 것이 아니라 이제는 소통과 연결을 잘해야 된다. "**구슬이 서 말이라도** 꿰어야 보배"라는 말이 있다. 사람도 똑똑한 사람보다 통합형 인간이 필요하다. 자기를 잘 표현하고 타인을 잘 이해하고 관계를 융합할 수 있는 사람이 중요하다. 가정에서도 그 사람 때문에 웃음꽃이 피어나고 교회에서도 스마일 메이커, 피스 메이커가 소중하다.

사회에서도 빛과 소금이 되는 사람이 아쉽다. 빛과 소금의 본성은 자기희생에서 맛이 난다. 촛대가 타들어갈 때 빛이 나고, 소금이 자기해체의 경험을 통해 자신이 녹아질 때 맛을 낸다. 음식의 맛을 소금이 내듯이, 스펀지가 물을 흡수하듯이, 쿠션이 충격을 완화시키듯이, 손수건이 눈물을 닦아주듯이……. 사람과 사람 사이에 촉매역할을 하고 험한 세상에 다리가 되어 연결선이 되는 사람이 많아진다면 건강하고 훈훈한 세상이 될 것이다.

또 하나의 열매를 바라시며

겨울이 다가오면 낙엽은 떨어지고, 알맹이만 남는다. 사람들이 보기에 단풍은 아름다운 색깔이지만 실상은 생명이 다하고 더 이상 뿌리로부터 공급이 끝났으며 마지막 힘을 다 쏟아서 버티다가 기어이 노랗게 빨갛게 변하는 것이 단풍이고, 마지막 잎을 떨구는 것이 낙엽이다.

겨울나무는 앙상하다. 감나무 가지 끝에 빨간 열매만 남는다. 한 톨의 열매 속에는 수많은 사연이 들어있다. 봄부터 소쩍새가 울었고, 지난 여름 모진 폭풍과 장맛비를 견디고 불같은 뙤약볕의

가뭄도 버티었다.

한 알의 열매 속에는 여러 가지 이야기가 들어있다. 지난 봄의 여린 꿈과 한여름의 추억과 가을날 따사로운 햇살이 들어있다. 세월의 무게에 감사하고 아득한 시절 끈질기게 매달려 버틴 끈기를 치하한다. 또 하나의 열매를 맺기까지는 여러 가지의 아름다운 손길이 있었다. 고마운 일이다. 그 씨앗이 떨어져 죽으면 또 많은 열매를 맺을 것이다. 삶의 화려한 시절이 지나고 낙엽도 지고 앙상한 가지만 남지만, 또 다른 꿈을 꾸고 내후년을 기약한다. 자연의 질서를 따라 모두들 함께 얽히고설켜 살아간다. 때로는 연한 순처럼 때로는 화려한 꽃으로 더러는 소담스러운 열매로 한겨울에는 검은 앙상한 가지만 남기도 한다. 사시사철 아름답고 서로 손을 맞잡고 생명공동체로 존재한다. 거기서 주의 손길을 보게 된다.

인생은 이벤트가 아니다

바쁘게 지내다 보면 발등에 떨어진 불을 끄듯이 행사치레에 급급해진다. 돈 쓰고, 몸 쓰고, 신경 쓰고 나면 후유증이 생긴다. 사람이 지옥에 가려면 레슨을 받을 필요 없이 되는 대로 살다보면 간다고 한다. 생활의 무미건조함, 매너리즘이 사람을 맹하게 만든다. 마음의 자극과 생각의 각성과 영적인 열정이 그래서 필요하다. 충격요법을 쓰지 않고는 변화의 계기가 없고 자극적인 이벤트 위주의 행사를 하다보면 점점 본질은 멀어지고 기초는 부실해지고 허례허식에 빠지고 만다.

작지만 알차고, 별것 아닌 것 같지만 의미심장하고, 소박한 데서 대박이 터지고, 평범한 데서 비범함이 있다. 진실과 진지함이 쌓여서 신뢰가 되고 사랑과 은혜가 고여서 축복이 된다. 매일 성경을 읽다가 주님의 음성을 듣고 사소한 데서 감사하고 작은 일을 엮어서 성실하게 살다보면 마일리지가 쌓여서 좋아진다. 문제해결을 위해서 동분서주하지 말고 일상의 영성이 그대로 흘러가서 깊고도 향기로운 인격이 된다.

나는 기도할 뿐이라

사람 사는 일이 왜 그리 복잡할까? 일은 많고 마음대로 안 되고 자주 한계를 느끼며 그만두고 싶을 때가 많다. 사람들은 바쁘고 피곤하다면서 남들 얘기는 부지런하다. 모여서 수다 떨고 남들 흉보는 데는 열심이 특심이다. 그 시간에 기도나 하면 오죽 좋을까?

시편 109:4에는 "나는 사랑하나 저희는 도리어 대적하니 나는 기도할 뿐이라"는 말씀이 있다. 사랑은 아무나 하는 것이 아니다. 사랑하면 상처받고, 기대하면 실망하지 않는가. 성도의 생활방식은 문제를 문제 삼지 말고, 기도제목으로 삼아야 한다. 남에 대해 말하기가 좋아도 모든 것은 기도제목을 삼는 것이 신앙이다. 모든 문제를 하나님 아버지 앞에 내려놓고 울다보면, 주께서 세미한 음성으로 답을 주신다. 사랑도 마음대로 안 되고, 사역도 힘들고, 사람도 어렵다. 그럴 때에 나는 기도할 뿐이라는 말이 인생의 비상구요, 삶의 짜증으로부터의 탈출구이다.

기도의 골방을 찾은 지가 오래되고, 기도의 끈을 놓쳐 버린 지가 한참이나 되고, 기도의 무릎이 엉뚱해져 있다. 다시금 기도의 맛을 찾아 기도라도, 기도할 뿐, 절대 기도의 강자로 나아가자. 기도 외에는 이런 유가 없다.

침묵의 미학

말없이 사랑하는 법을 배워야 된다. 중문교회 구역장 지침에 "말만 없어도 훌륭하고 살만 빼도 성공한다"는 대목이 있다. 영성이 떨어질 때 나타나는 현상은 말이 앞선다는 것이다.

교회생활은 말을 조심하는 차원에서 끝나는 것이 아니라 무슨 말을 들어도 요동치 않는 마음의 항체를 형성하고 있어야 시험에 들지 않는다. 소위 마음의 넉살을 키워야 한다. 행함이 없는 믿음은 죽은 믿음이라고 했다. 사람 입에서 나오는 것이 더러운 것이다. 하나님 나라는 말에 있음이 아니요 능력에 있다. 남아일언중천금이라고 했다. 세 번 생각하고 한 번 말하라고 했다. 입 닫치고 일만 성실히 하는 사람이 멋있다. 말이 앞서면 아무래도 부실해지기 쉽다.

차라리 침묵이 때로 멋있을 때가 있다. 모든 부분에 재잘재잘 말을 할 필요는 없다. 말로써 말 많으니 말 많을까 하노라. 말이 씨가 되고, 혀의 권세가 있고, 입술의 복록이 있다. 어떻게 하고 싶은 말을 다 하고 살 수 있을까? 가뭄에는 물이 지하로 흐른다. 말로써 무엇을 하려고 하는 생각을 버려야 된다. 예수님은 몸을 바쳐서 십자가를 지심으로 우리에 대한 사랑을 확정하셨다. 그 사랑이 진짜다.

토탈 힐링

현대사회는 세대 차이, 보수와 진보 사이의 이념 갈등, 부처이기주의, 노사분쟁, 지역갈등이 심해서 대화가 단절되고 서로 상처를 주고 반목을 일으킨다. 이러한 때에 전체를 아우르는 사람이 필요하다. 나무만 보지 말고 숲을 보아야 한다. 개별적인 것뿐만 아니라 통으로 보아야 한다. 전인 건강이 안되면 무엇인가 결격사유가 있고 그것이 결국 큰 문제를 야기한다.

비타민도 종합비타민을 복용해야 한다. 균형 잡힌 삶, 조화로움, 컨디션 조절이 중요하다. 요즘 청소년들은 스마트폰을 갖고 놀면서 균형적인 뇌 발달이 안 되고 통합적인 사고방식에 지장이 생긴다. 시력이 저하되고 거북목증후군의 우려가 있다. 스마트폰 사용에 중독이 안 되도록 사용시간을 30분 넘지 않게 해야 되고 관심분야를 넓혀야 된다. 믿음의 선배들은 들판에서 광야에서 야성을 기르고 생존능력을 갖추었다.

영혼이 잘됨같이 범사가 잘되고 강건해야 된다. 좌로나 우로나 치우치지도 말아야 된다. 하나님과 거리유지를 통해 탕자같이 되지 말고, 체온유지를 통해 신앙의 첫사랑이 식지 않고 열정을 유지해야 된다. 그야말로 항상 기뻐하고 쉬지 말고 기도해야 한다.

올챙이 시절

개구리가 올챙이 시절을 잊어서는 안 된다. 사람이 초심을 잃지 않을 때 한결같은 사람이 될 수 있다. 무엇이 되었다고 사람이 변하면 안 된다. 성경은 첫사랑을 잃어버리면 주께서 촛대를 옮기신다고 한다. 첫사랑은 순수한 마음이다. 세상에 물들지 않고 계산할 줄 모르는 순수한 마음이다. 어려울수록 기본으로 돌아가야 된다.

공부를 잘하는 사람, 몸이 건강한 사람, 신앙이 좋은 사람의 공통점은 기본이 강하다는 것이다. 기초과목 국, 영, 수에 강한 사람이 공부를 잘한다. 부모님께 물려받은 기초체력이 좋은 사람이 건강한 사람이다. 신앙의 본질인 기도, 말씀, 전도, 나눔을 잘하는 사람이 신앙이 좋은 사람이다. 기본기와 기초는 아무리 강조해도 부족하지 않다. 신앙의 본질인 말씀과 기도에 충실해야 한다.

가정의 사명

사람들은 행복한 가정을 이루고자 노력한다. 그러나 행복한 가정은 드물다. 행복한 가정은 기도와 노력에 의해서 어렵게 만들어진다. 행복에도 설명서가 있다. 행복한 가정은 특징이 있다. 하나님은 창세기 2장, 에베소서 5장 등에서 성경적인 가정을 설명해 주고 있다. 성경말씀의 반석 위에 행복하고 건강한 가정을 세워가야 한다. 주의 교양과 훈계가 있을 때 전통 있는 가정이 세워진다.

모든 정신병의 진원지가 가정이라고 한다. 가정은 포기할 수도 없고, 자식농사는 마음대로 되는 것도 아니고, 어렵고 힘들기만 하다. 똑똑한 자녀를 키우는 것이 목적이 아니다. 건강한 자녀를 길러야 한다. 건강할 때에 행복한 관계를 만들어 갈 수 있다.

그러나 가정의 목적은 행복이 끝이 아니다. 선교하는 가정, 목적이 끌고 가는 가정, 하나님을 기쁘시게 하는 가정이 될 때에 모든 것이 제자리를 찾는다. 가정을 교회처럼, 교회를 가정처럼 만들어가야 하는 이유이다. 한국적인 상황에서 가정과 가족형편과 가족구조가 안정되고 행복하기가 여간 어렵지가 않다. 성경의 바탕에서 날마다 수리하고, 보수하고, 고쳐가야 된다. 사명을 다하는 가정이 될 때, 행복도 제자리를 찾는다. 가정의 목적은 행복을 넘어 거룩이다.

아! 마음이 없구나

어떤 사람과 실컷 이야기를 하다보면 그 사람 마음속에 그 부분에 대해서 관심도 없고 마음이 없는 것을 느낄 때가 있다. 마음이 없는데 무슨 이야기를 더하랴. 관심분야가 같고 공감대를 형성할 때 대화가 된다. 복잡한 삶에서 수많은 사람들을 만나고 부탁을 하고 서로 관계를 형성하지만 마음이 없을 때는 "소귀에 경 읽기"요, 그것이 부질없는 일임을 보게 된다. 마음이 떠난 사람을 붙잡을 필요가 없다. 마음이 가야 손이 가고 돈이 가고 정이 간다. 다윗은 위협과 고난 가운데서도 마음을 확정하고 확정해서 주변의 악기를 두드리고 새벽을 깨워서 신앙을 키웠다.^{시 57편} 신앙인은 한 하나님을 믿고, 한 예수님을 따르고, 한 성령님을 모시고, 사는 지체요 형제들이다. 같은 뜻을 가지고 같은 말을 하고 같은 마음으로 서로 마음을 합하라고 했다.^{고전 1:10}

마음이 없는 사람, 비전이 없는 사람, 생각이 없는 사람, 꿈이 없는 사람과는 대화하지 말라. 따뜻한 가슴이 없고, 사랑하는 마음이 없고, 열정이 없는 사람은 함께 일을 할 수가 없다.

길을 찾아서

인생은 참된 나를 찾아 떠나는 여행이다. 좋은 길을 가고자 할 때 늘 헷갈린다. 내비게이션으로 검색을 할 수도 없는 것이 인생길이다. 어떤 길은 사람이 보기에는 바르나 멸망의 길이 있고, 어떤 길은 좁고 협착해도 생명의 길이 있다. 순간의 선택이 10년을 좌우하지만 날마다 순간마다 선택의 순간은 혼란하다.

 세상 사람들의 소리를 듣다 보면 일리는 있지만 진리는 아니다. 여러 사람의 말을 듣다가 보면 내 길을 잃어버릴 때가 있다. 땅의 길은 혼란하다. 주께서 예비하신 길을 찾고, 나의 길을 흔들리지 않고 걸어갈 때 후회 없는 길이 된다. 땅의 길은 복잡하고, 주의 길은 분별이 잘 되지 않고, 나의 길은 더욱 혼미하다. 주의 길이 나의 길과 만나는 곳, 그곳에서부터 기독교적인 문화와 계보가 형성된다. 사람들은 각자의 길을 찾아 나선다. 그러나 참된 길을 만나기는 어렵다. 말씀과 기도 속에서 주의 길을 나의 길로 찾고, 나의 길에 예비하신 축복권을 누리며 살아가는 사람이 성공하는 사람이다.